子どもとつくる図画工作

南 育子

はじめに

私は東京都の墨田区という地域で、小学校の図画工作科の専科教諭をしています。

教師になりたての頃は、小学生とどのようにつき合えばよいか手探り状態でした。頼りない教師です。毎日ドキドキしていましたが、子どもと一緒に遊んだり、おしゃべりしたりすることが楽しくて、子どもという存在が新鮮でした。注意（指導）するときでさえ、子どもがどう出てくるのか、緊張しながら反応を見ている有様でした。しかし、くったくのない子どもたちでしたから、一日もすれば、けろっと忘れたかのようでした。

子どもたちは全くへこたれない強さをもっていてくれたので、安心して教師らしく振る舞うこともできていたのだと思います。

授業中には、新米教師にとって驚くようなことが起きます。

「なぜ、子どもたちはずっと紙やすりで木片をこすり続けているのだろうか？」

「竹ひごの先をきりのように使い、板に穴をあけようとしているが、穴はあくのか？」

「絵の具をどんどん足して、色を混ぜているけど、色がどんどん濁っていくよ？」

「手に絵の具を塗って嬉しそうだけど？」

「ずっと水道から離れないのはなぜか？」

「なぜ、突然静かになったのだろうか……？」

このような疑問に答えてくれたのは子どもたちでした。

自分の力でものが変わるって面白いでしょ。

つくりはじめたら、だんだん夢中になるでしょ。

やってみないとわからないでしょ。

夢中になったら、簡単には止められないよ。気持ちがいいんだから。

周りの人が何をやっているのか見たり話したりしているうちに、やりたいことが見えてくるでしょ。

夢中になる子どもの姿、真剣な子どもの表情やまなざしが、そのように語っていました。

子どもたちは率直に世界と対峙しています。全身の感覚を働かせ、知りたい気持ちで世界に立ち向かう子どもたちに教えてもらったことは、「見ていることのその奥にある、豊かなものを見逃すな」ということでした。

この本は題材集ではありません

ここ数年、たくさんの先生方に授業を見ていただき、たくさんの質問を受けるチャンスを得ています。その質問の内容は多岐にわたりますが、ここにその一部を紹介します。

「子どもにどのような声かけをしているのですか？」

「あのとき、なぜ、先生が頷いただけで子どもは納得したのですか？」

「困っている子どもには、どのような手立てを講じているのですか？」
「キャラクターを描いている子どもがいましたけど、先生はどのように指導しますか？」
「吹き出しがいっぱいあって文字で表現している子どもには、どのように指導しますか？」

これらの質問の根底には、ご自身の担当している子どもたちがいます。その姿を重ね合わせて質問しているのです。
「もっと子どものことを知りたい」
「もっと子どもに響くいい言葉をかけたい」
「子どもが楽しくなるような、嬉しくなるような授業にしたい」
という思いの表れなのです。

この先生方の子どもたちに向ける思いを中心に置き、図画工作の授業と子どもの成長について、一緒に考えていけるような本にすることが私の役割だと考えました。

本書の構成について

本書では、授業を通して子どもの姿から考えたことを、六つの章に分けてまとめました。

第一章「子どもと生活がつながる」は、日頃題材を考える上で大切にしていることです。子どもと私に与えられた環境と経験について述べています。

第二章「友だちとの関わりが生まれる」では、図画工作ならではの子どもの姿から学んだことを述べています。

第三章「見ること 感じること 表現すること」では、鑑賞と表現は切り離すことのできないものであることを、子どもの活動する姿を根拠に述べています。

第四章「自分で考えて 自分で決めて 自分でつくりきる」は、図画工作の学習の特徴である、つくりきることができるという豊かな学びの有りようを授業を通して述べています。

第五章「子どもの成長に向き合う」では、よりよい自分へ成長させる子どもと子ども、子どもと教師、教師と教師のよりよい関係について述べています。

第六章「教師は子どもとともに成長する」では、創造的に生きる子どもと、創造的に生きる教師がつくりだす図画工作の学びについて述べています。

このように六つの章に分けていますが、題材を行う上ではこの全てが幾重にも重なり合い、図画工作の時間がつくられます。子どもも教師も、お互いが感性を働かせ、向き合う中でよりよい関係をつくり、よりよい自分へ成長していきます。

先生方はご自身の担当している子どもたちを思い描きながら、お子さんのいる方はお子さんの姿を重ね合わせながら、読んでいただけたらありがたいです。

目次

学校のこと

墨田区は東京都の東側に位置します。下町のよさが残る地域です。てらいがなく人なつっこい子どもたちばかりです。研究授業のときなどは、はじめて会う先生方にも、自分のことや今考えていることを聞いてほしくて話しかけます。見てもらえること、関心を向けてもらえることが嬉しいのです。

この本では、二つの小学校で行った実践をもとに私の考えを述べています。これははじめからもっていた考えではなく、図画工作の授業や学校での生活の中で、子どもの姿から見いだした、私の考えです。子どもの活動する傍らで、驚いたり、はらはらしたり、どうしたものか悩んだりしたあげくに見えてきたことです。経験を重ねることで、たくさんの子どもに出会うことができました。一人一人の子どもの感覚に、私自身の見方を添えるようにして感じ取ったことをもとに考え、学んだことです。

二つの小学校は対照的な環境にある学校です。一校目の学校は、墨田区でも唯一の土の校庭をもつ、隅田川沿いにある公園に隣接した学校です。中庭、ビオトープがあり、たくさんの生き物が生息する環境がつくられています。校庭には果実のなる木が植えられ、春、サクランボの色が変わる頃、カラスと子どものどちらがおいしい実を食べることができるかと、探り合う姿が見られます。秋には公園の木々は紅葉し、落ち葉となって地面を埋め尽くします。子どもたちは、帰り道にその落ち葉を集めて潜り込んだり空に向けて投げたりして、暗くなるまで時間を忘れて遊んでいます。日々、樹木の剪定や清掃などが行われていますが、森のようにたくさんの木々が育つ広大な公園です。

区内最大の敷地をもつ小学校でしたが、児童数が激減し、2011年3月に統廃合され、27年の歴史に幕を下ろしました。その敷地は今では中学校となっています。

二校目の小学校は、墨田区の中心に位置する街中の学校です。1918年に開校した歴史のある学校です。1923年には関東大震災で美しい木造校舎は焼失してしまいました。その後、鉄筋コンクリートの校舎が建てられましたが、1945年3月10日の東京大空襲で学校も地域も焼け野原になりました。その後、区画整備され、この地域の学校は同じような規模で建てられています。戦後の復興の要となる中小企業・職人が苦境を乗り越えこの地域を支えてきました。時代とともに地域の様相も変わり、2012年5月には東京スカイツリーが開業したことで、観光地の一端に位置する学校になりました。

自然環境は恵まれているとは言えませんが、道路を挟んで公園があり、戦後植えられた木々が大きく育っています。学校の敷地は狭く校庭も100mトラックがやっと取れる程度のものです。それでも、ウサギやカメを育て、植物を育て、小さなビオトープもあるので、昆虫やカエルも姿を見せます。

環境の違う二つの小学校ですが、子どもたちはよく遊び、身の回りにある自然から季節を感じ、体を動かし、たくさんのことを吸収します。

広い敷地のある自然豊かな学校では、子どもたちは自然の中に身を置き、体全体の感覚を働かせて同化するように面白さを探っていきます。わずかな自然のある学校では子どもたちは俯瞰するように自然を見て、働きかけ、面白さを探っています。子どもを取り巻く環境は違いますが、その中で子どもは生活し、成長しています。

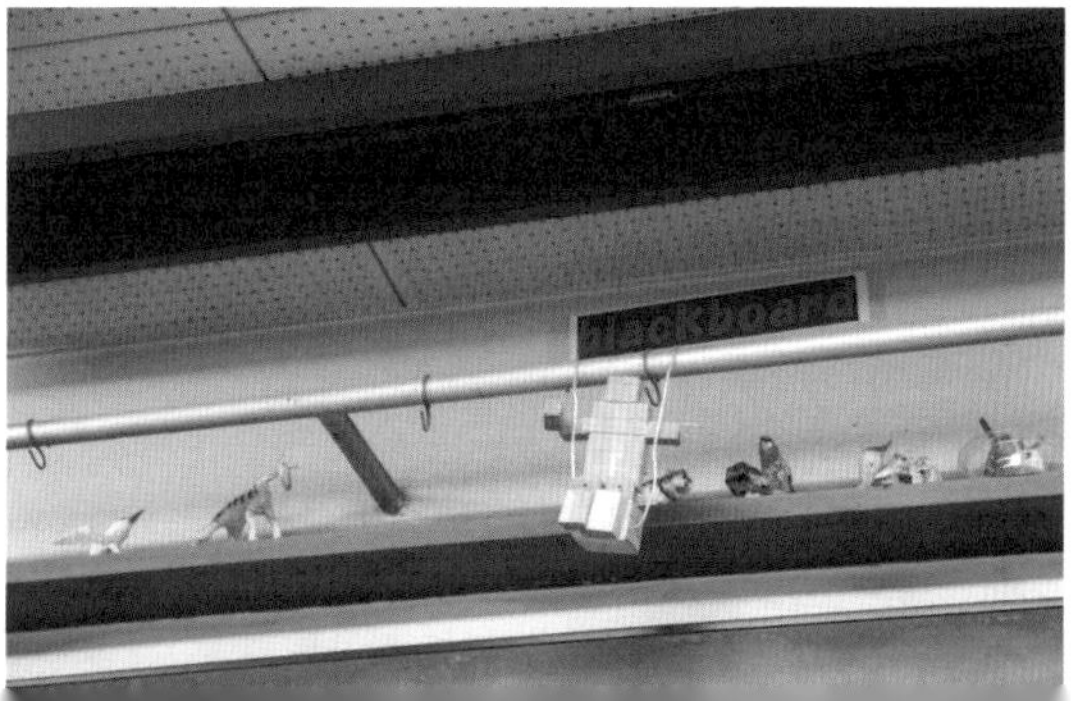

CHAPTER 1

子どもと生活がつながる

子どもは学校で起きた出来事の話が大好きです。私がその話をすると子どもは身を乗り出し、食いつくように聞いてくれます。

なぜでしょう？

話を聞いている子どもは、生まれてから今までの経験を思い起こし、それをつなぎ合わせた想像力を働かせ、話を聞いているのです。ただ聞いているという受け身の姿勢ではありません。話を補うように思考を巡らせているのです。身の回りに起きた出来事は、子どもの想像力とともに子どもの世界を広げていきます。

ある日、図工室に猫が現れた

緑に囲まれた都立公園の一角にある学校には、区内でもめずらしい土の校庭と植物にあふれる中庭があります。図工室は、その中庭に面したところに出入口があります。

日頃、校庭を猫が横切ったり、昼寝したりしている姿をよく見かけます。授業中、校庭を眺めていた子どもが「こっちは勉強しているのに、のんきに散歩なんかしないでよ」とつぶやくくらいです。そんなある日、子どもたちが登校する前に、図工室で授業の準備をしていると、

「ミャー……」

「あれっ……？　中庭に猫がきたのかな……？」

と思い仕事を続けていると、またまた「ミャー」という鳴き声が。

「えっ？」どこから聞こえてくるのか、声のする辺りを見回していると、また図工室の中から鳴き声が聞こえてきました。

「いたっ！　……どうしたの？」

「ミャー」

子どもたちが使った布の切れ端が入った大きなビニル袋の中で猫は寝ていたのです。図工室には防犯センサーもついているので、夕方に窓から入った猫は、そのまま、おしっこもせずに袋の中で気持ちよく寝ていたのでしょう。人間の気配を感じ、目を覚ましたのかもしれません。ふかふかの布がよほど快適だったのか、しばらくそのままうとうとしながら居座っていました。「子どもたちに会わせたいな」と思いましたが、授業の準備もしなくてはなりません。写真だけ撮って、準備に取りかかりました。

気づくと猫は外に出て行ったようで姿はありませんでした。

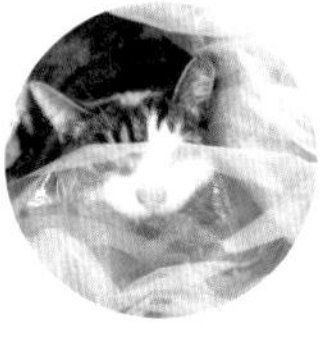

図工室の夜のねこ／ねこの家［4年生］

夜のねこ

こんなことが起きるなんて、驚きです。子どもたちに話したい気持ちを我慢できず、4年生の子どもたちに、この話を聞いてもらいました。

「えー、そんなことあったの。見たかった。先生、写真撮ったの？」

「もちろん、撮ったよ」

「見せてよ！」

自慢げに、デジカメのディスプレイでお披露目しました。

「ここだ！」

子どもたちは、その場所に集まり、「なんでここにいたのか？」「この猫はどの猫か？」「知っている猫だ！」と会話がはじまりました。そのうちに子どもたちは、「そうだ、図工室の夜の猫を描こう！」と言い出しました。

「いいね！　今日の図工は猫だ！」

ということで、画用紙を用意し、私の話をもとに想像を広げ、図工室を見回しながら、イメージした猫の物語を表現しはじめました。絵を描くと、猫のことがもっと気になります。

「今日も猫は来た？」

「どこにいるのかな？」

「昨日、ぼく、あの猫見たよ。おじさんが自転車のかごに入れて

いたよ」

「雨の日は困るから、家をつくって外に置いておくといいと思う」

子どもたちは日常生活と結びつけて考え、現実の世界に物語を繰り広げていきます。

ねこの家

子どもたちは、絵を描いているうちに、猫の家をつくりたくなったようです。

やる気満々の子どもを見ていると、「きっとやりきって、満足できる家をつくるのだろう」と思いました。と同時に、子どもと同じようなわくわく感に、私は気持ちが突き動かされました。図工室に材料はいろいろあるので、子どもの気持ちが途切れないうちに何とかしようと、大急ぎで使えそうな材料を準備しました。

そして、「実際の猫が入れるぐらいの大きさでつくるには、グループでつくったらどうか」と提案しました。

子どもたちにとって、実際に猫が入れる大きさでつくることは、リアルな猫の世界をイメージできるようです。早速、活動がはじまりました。

猫の家といいながら、自分が住みたいという夢をもってつくっていることがわかります。「猫が住む家」というテーマをもとに、形や色などに「自分だったらこうしたい」「これはいい」「こんなの好きなんだ」という気持ちを込めています。材料を選んだりつくり方を工夫したりしながら、活動することを喜んでいます。今、自分がもてる力を全力で発揮することで、その場そのときでないとたどりつけないような出来事や造形をつくりだし、夢中になっているのだと思いました。

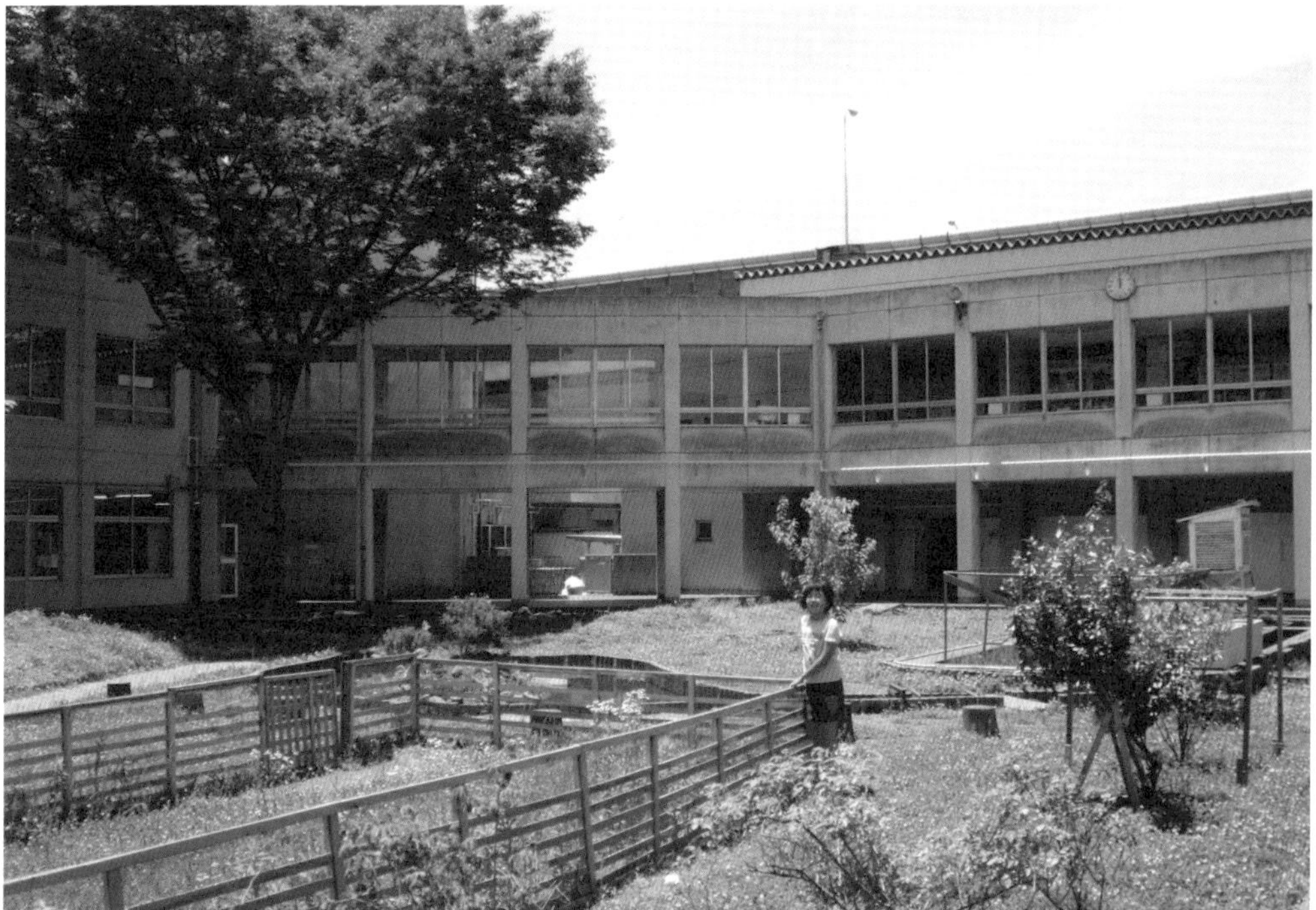

グループで、猫が入れる大きさの家をつくっていく。

2

1

1.**「夕方にくるねこ」**Bさん　うっすらとした布の色に隠れるように、猫が図工室の中をうかがっている。優しい色合いだ。
2.**「ねこと図工室」**Aくん　図工室で気持ちよく眠っている猫は、いごこちのいい場所を知っている。

いろいろな猫が中庭を通過していく。ときどき昼寝もしている。ある日、二匹の子猫を連れた猫がやってきた。中庭の草の上でごろりとくつろいでいる。そばには、子どもたちがつくった猫の家がある。「入ってくれないかな」と子どもたちと見ていたが、私たちの前では入ることがなかった。「きっと夜中にこっそり中に入って、寝ていると思うよ！」「喜んでくれるかな？」子どもたちの想像は広がり、子どもたちは物語の世界と現実の世界を行ったり来たりしている。

「この材料だったらふかふかで気持ちいいから、きっと中に入ってくるだろう」
「二階建てにすれば他の猫も住めるよ」
「私も嬉しいけど、猫も喜んでくれるようにつくりたい」

つくりだした造形から物語が生まれ、自分たちならではの価値を見いだしています。そして、つくりきった子どもたちは大満足です。

生活をともにする時間

子どもとともに生活する学校の敷地には、校舎と校庭があります。子どもの学習が成立するように環境が整えられ、安全に生活できるように環境が整備されています。

昼間は大勢の子どもたちが生活しているので、賑やかで風の通りもよく、生き物のごとく呼吸しているような感じがします。ざわざわ、がやがや、音や声であふれています。夜になると、窓という窓は閉じられ、センサーが取りつけられて警備会社が管理しているので、学校には誰もいません。

校庭には桜の木があり、春になると先生方は「入学式まで、桜の花がもつかしら」と新入生を心待ちにします。前年度のうちにチューリップの球根を植え、進級に合わせて花が咲くのを待ち望みます。季節の移り変わりを、植物や行事で感じることができる空間も、学校ならではです。友だちや先生と一緒に気温の変化を感じ、ときの流れと成長をともにします。

子どもたちが帰る家は一人一人違います。当然のことですが、家庭での生活はお互いあまり知ることもなく、次の日にはみんな一つの教室に登校し、学校での生活をともにします。子ども一人一人の生活が集まり、学校生活をつくっているのです。

絵に表した「図工室の夜のねこ」、立体に表した「ねこの家」は、そんな学校生活の中で起きた出来事から、子どもとともに展開させた題材です。学校の中や、子どもの生活圏での出来事は、誰でも自分に引き寄せて解釈し、記憶につなげて考えることができます。これから起きるかもしれないことを想像することもできます。一人一人のペースでイメージを膨らませることもできるし、そこにまつわる思い出から、新しいイメージを展開することだってできるのです。背景には共通の学校生活があるので、これまでの経験を重ね合わせて、お互いを理解し合っているのです。

日が沈み暗くなると、猫が現れた。子どもたちがつくった猫の家には入らず、雑草の干し草のベッドで気持ちよさそうに眠っている。干し草の香りとやさしい風に包まれて、気持ちよさそうだ。

ウサギがいなくなった日のこと

東京スカイツリーにもっとも近い下町の小学校で本当にあった不思議な話です。

校庭は全天候型で人工的につくられており、テニスコートが3面取れる程度の広さです。その一角にウサギ小屋が建っています。

ある日、5・6年生の飼育当番の子どもたちが職員室に駆け込んできました。

「先生！　大変です。つきみ（ウサギの名前）がいません！　小屋の中を探したけど見つかりません！」

「本当？　よーく探したの？　もう一度一緒に探そう！」

心の中では、いなくなるはずはない、きっと土を掘って穴の中にいるに違いないと思っていました。ウサギは穴を掘る習性があるので、土には穴がいくつかあります。

「きっと、穴を掘って中で寝ていると思うよ」と話して、腕を穴の中に入れてみました。ところが、いません。

「こっちの穴はどうかな？　腕を入れてごらん」と子どもに促しました。

「これ以上、入りません」

「いた？」

「いません」

「先生！　金網が壊れています」

下の方の網がほどけて、わずかな隙間がありました。もしかしたら、ここから脱走してしまったのかもしれません。

「校庭も探そう！　木の下や、菜の花の間も探してみよう」

しかし、つきみを見つけることはできませんでした。子どもたちを見ていて、肩を落とすとはこのような姿のことなのだと思いました。一緒に針金で金網の隙間を修理して、その日は探すのをあきらめました。

ウサギを見たという情報もなく、数日が過ぎました。それからさらに数日後、飼育委員会の子どもたちがまた職員室に駆け込んできました。

「先生！　大変です」

「もう、大変なことは起きないよ。金網も直したしね」

「違います。つきみが小屋の中にいます！」

「えー??　帰ってきたの??」

みんなで小屋をのぞくと、つきみは躰を伸ばしてくつろいでいます。鼻をむぐむぐ動かし、元気そうです。

「どこから、帰ってきたのだろうか？」

「どこから入ったのだろうか？」

不思議なことになりました。不思議ではありますが、実際は土を掘って穴の中にいたのだと思います。手を入れ腕を伸ばして穴の中を探ったものの、もっと先があったということです。

つきみが帰ってきてホッとしたと同時に、どこまで穴がつながっているのか気になりました。

「こんなことが本当に起きたのです」と、3年生の子どもたちに伝えました。結果はよかった話なので、「めでたし、めでたし」と話を終わりにしました。

しかし、子どもたちも地面の下で起きていることが気になるようです。生まれてからの9年間の経験から知恵や想像力を働かせながら会話を続けます。

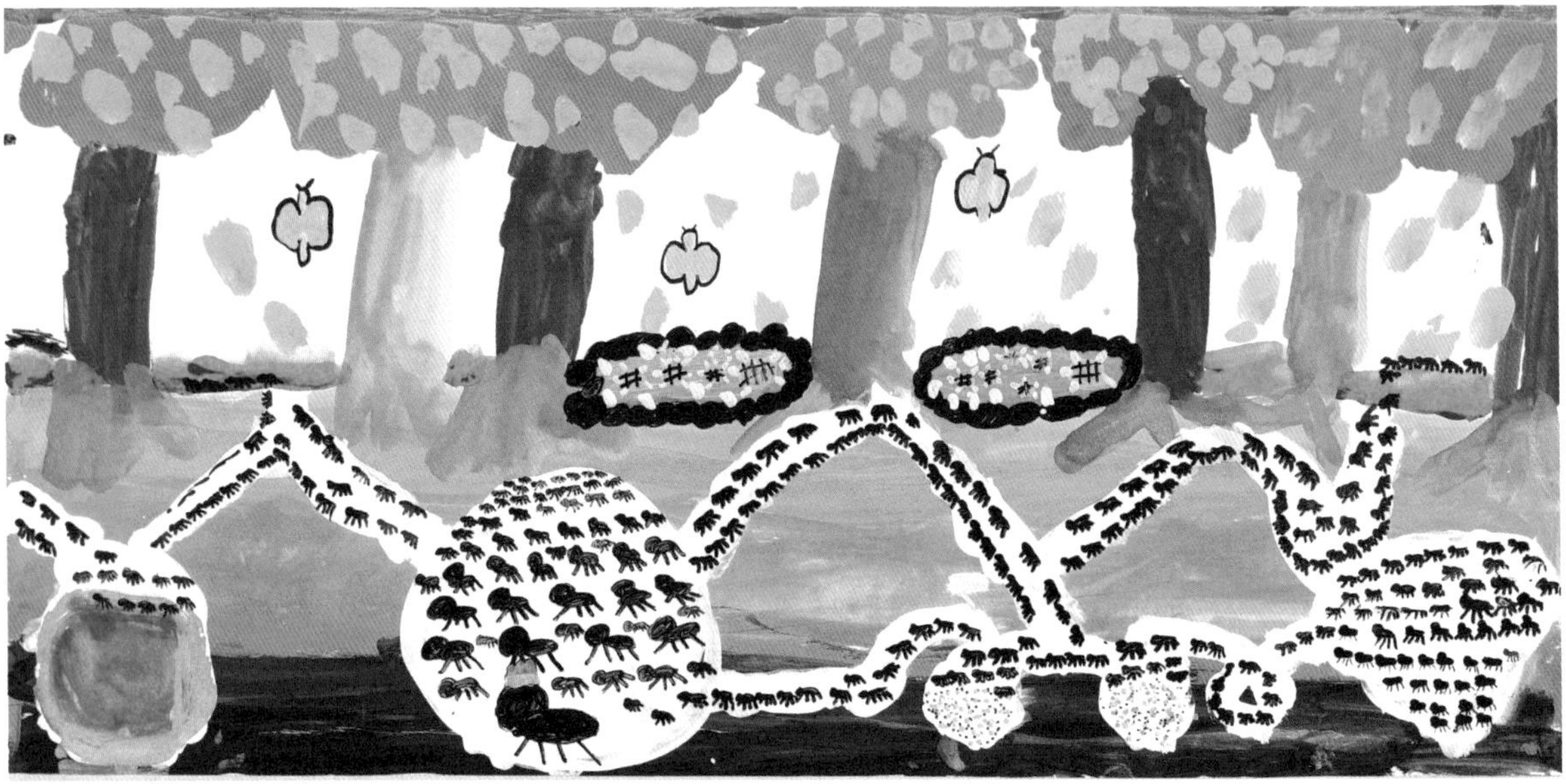

「やってきた春」Nさんのコメント　地上では桜がきれいにさいています。花びらがちっています。きれいなチョウチョが3匹とんでいます。池の中ではカメの赤ちゃんが5匹ずついます。地下ではアリが２８０匹います。たまごもたくさんあります。一番おおきな部屋には女王アリがいます。

「たのしい春」Sくんのコメント　にんじん畑の上でウサギがとびはねたり、地上の上で魚がおいかけっこをして、おいかけたりにげたりして、楽しんでいます。春の地下ではモグラが土をほったり、モグラの赤ちゃんがおんせんに入ったりして、とても気持ちよさそうです。

「校庭の下まで穴を掘っていたのかな?」

「部屋もつくったのかな?」

「迷子になっていたのかもしれないよ」

コンクリートで固められた校庭の下にも土があります。校庭のフェンスの先にある公道もアスファルトで固められていますが、その下には土があります。コンクリートやアスファルトを自分の力で掘ることはできませんが、土を掘ることはできます。

「土を掘るとそこに部屋ができて、そこには、つきみの秘密基地があるかもしれないね」

想像は広がっていきます。


子どもたちの会話を聞きながら、この出来事を話だけで終わらせるのはもったいないと思いました。

私たちは、地上に生活しています。地球の一部である土の上に生きているのです。現実の世界である地上と未知の地下の世界を想像することが、お話をつくるように絵を描く活動になりました。

地上の春と地下の春〔3年生〕

想像の世界を広げる

ウサギが地面を掘った小屋で実際に起きた話から、子どもの想像は地下の世界へつながっていきました。目の前の日常の風景から、この活動ははじまるのです。

画用紙は、既成の大きさのものではなく、長いものを用意しました。縦にすると地下は深く地上は高くなり、横にすると広く横につながっていきます。必要に応じて画用紙をつけ足すこともできます。

子どもはどのように描きはじめるのでしょうか?

「冬眠している動物を描きたい」

「まだはっきりはしていないけど、地上と地下の境目をどこにするか決めてから」

「ひとまず穴を掘ってみよう」

スタート地点での思いはいろいろあります。友だちとおしゃべりしながら、「あっそうだ!」と描きはじめる子どもや、きょろきょろ周りを見ながら考えている子ども、一目散に絵の具の準備をする子ども、土の色づくりにこだわる子ども、「春だから!桜!」と描きはじめる子どもの姿が同じ空間の中で混ざり合い、一人一人の活動が展開していきます。

友だちを通して、新しい目で世界を価値づける

図画工作の強みは、実際に材料や用具を使って表現するので、目だけでなく、自分の体全体の感覚を使って描きながら、考え、発見し、感じ取ることができることです。この題材では、子どもたちが自分で想像した世界をつくりあげることができました。子どもは、自分が描いた形や色からイメージしたことをもとに、材料や用具を工夫して扱い表現していきます。そして、周りにいる友だちも同じように、地上の春と地下の春をイメージして表現しています。

同じ学校に登校している子どもたちですから、季節の移り変わりを同じように肌で感じながら、この地域に暮らしています。生

2

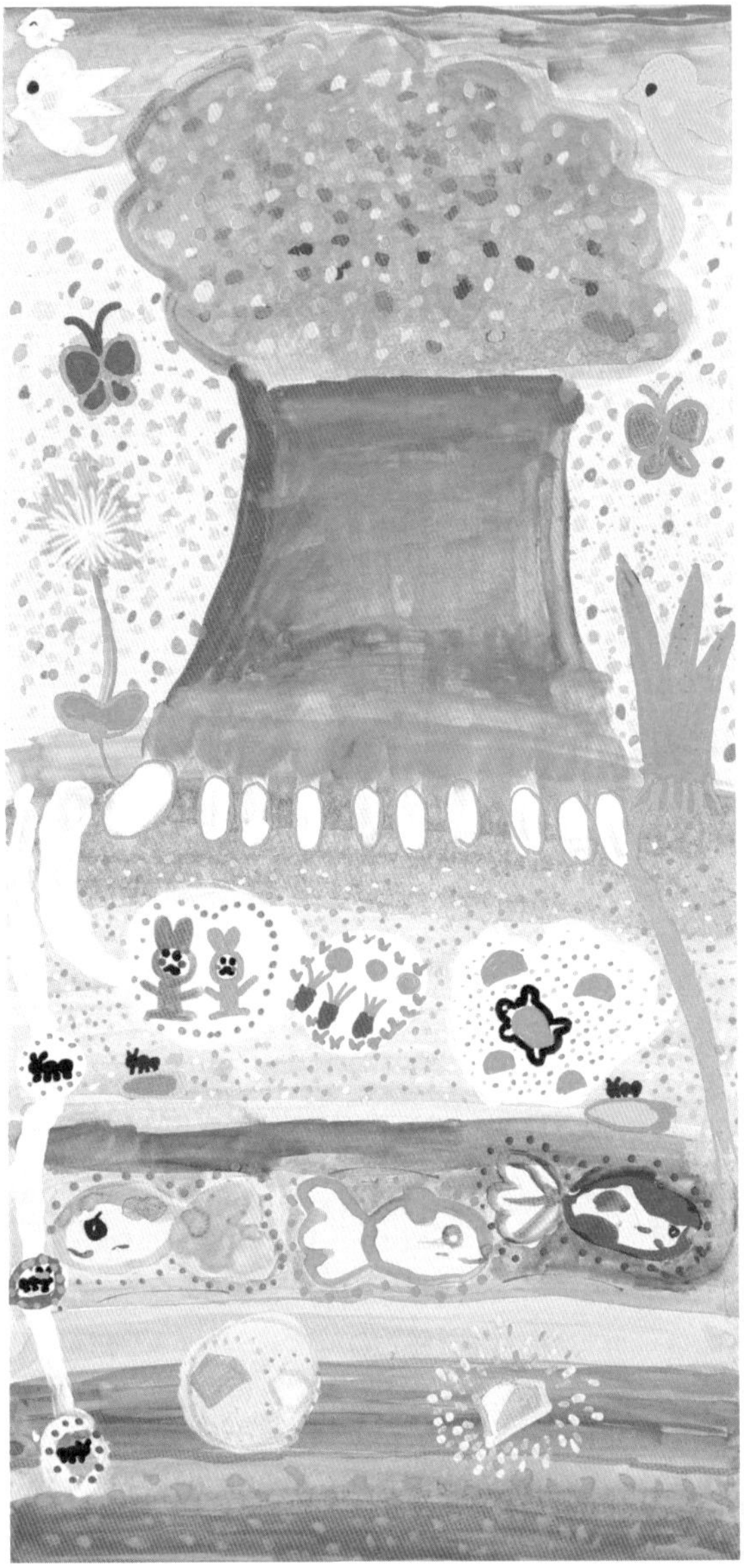

1

1.**「地下の一日、地上の一日」**Eさんのコメント　地下と地上では、もう、しあわせな春がやってきました。地下では、みんなベッドからおきて、着がえをして、おふろにはいって、自分の部屋にもどって、手紙を読んでいます。何が書いてあるのでしょう。その手紙には、「今夜、うさぎのいる部屋でけっこんしきをおこないます」と書いてありました。動物たちは喜んで、みんないくことになりました。今夜きる服を考えて、くしでかみをととのえて、お昼ご飯をたべました。そして、今夜になりました。けっこんしきがはじまります。けっこんしきじょうには動物がいっぱいいます。けっこんしきのはじまりです。ゆびわのこうかんをして、食事もして、動物たちはよろこんでいます。家にかえって動物たちはにこにこしてねました。これが地下の一日です。つぎは地上の一日です。おみせでおかいものや、家でおりょうりなどしています。さくらの木の下でお花見をしている人もいます。地上にも動物をかっている人もいます。人間はちゃんとごはんをあげて、自分もごはんをたべます。夜はおふろにはいって、はをみがいて一日も終わります。今日は、どんなゆめをみるのでしょう。

2.**「動物たちのゆかいな春」**Mくんのコメント　春が来て、動物たちは地下からでようとしています。動物たちの世界はすごくゆかいで、中にはダイヤや金かいをほり出してた動物もいました。地上では鳥や車がびゅんびゅん走っています。小さないのちをもつアリたちも動物の巣にいて、動物の巣づくりを手伝っています。ごはんも分けてもらって、みんななかよしです。

活している場所も学区域ですから、同じ公園で遊び、桜の咲く頃には、汗ばんで上着を脱いだこともあったでしょう。共通の春のイメージと子ども一人一人の経験の違いと、多様な考え方が教室には存在します。友だち同士で影響し合う中で、一人一人が自分を取り巻く世界を新しい目で価値づけていきます。

春なので、桜や菜の花、チューリップ、チョウチョウ、アリなど目にする地上の光景を、誰もが思い描くことはできます。春を表す素材は、ものやことして存在しますが、子ども一人一人のもつ、春にまつわる経験は多様です。表現へのアプローチの仕方の違いも、作品や子どもが書いた話から読み取ることができます。

地下の世界はどうなのでしょうか?

実際に穴を掘って、その中に入っていったことのある子どもはいません。想像を巡らせるしかありません。階段を下って地下鉄に乗ったり、デパートの地下食品売り場などへは実際に出かけたりした場所として記憶にもあるでしょう。画用紙に塗られた土色の絵の具を描き分けて地下をつくる時間には、できてくる形を見てイメージと重ね合わせ、想像の世界をつくりあげていきます。実際に穴を掘っているわけではありませんが、平面に空間をつくっていくような感覚を体験します。その活動の中で、楽しい発見や面白い発見、驚きなどから生じる感情や思考の働きが、子どもの表現を支えます。

図工室の窓から校庭のウサギ小屋が見えます。あの小屋の地面を掘ったウサギは、今はもういません。その後、若い兄弟ウサギが住んでいます。小屋は改装され、地面もコンクリートで固められ、金網も新しくなりました。

今、ウサギ小屋には違うウサギが住んでいる。

COLUMN 1

季節を感じる

ある日、子ども越しに校内を見渡してみると、子どもならではの季節感があることに気づきました。

石の下やほったらかしの植木鉢の下にダンゴムシが出てくる季節には、どこの学校にもいる、ダンゴムシ好きな子どもが行動を起こします。一匹目のダンゴムシを見つけると、関心のある子どもがそばに寄ってきて、一緒に見ています。そのうち、学校の一角にはダンゴムシを手のひらにのせて休み時間を過ごす子どもたちが現れます。

こんなこともありました。仕事があるので急いで出かけようと校門にさしかかったとき、「先生！」と呼び止める声がしました。急ぎ足の私に

「いいもの、見せてあげるよ！」

と明るく弾んだ声です。

「なになに？」

と側に寄ってみると、ダンゴムシが煉瓦ブロックでできた塀の上にいました。

「ダンゴムシ？」

「もっとよく見てよ」

と嬉しそうです。メガネをかけ、よく見ると……。

「えーーー。小さい赤ちゃんだ！」

はじめて見たので驚きです。

子どもたちは満足そうです。ダンゴムシの赤ちゃんは、親のおなかにくっついていました。もぞもぞ動くその姿は、ダンゴムシそのものでした。

「いいものを見せてくれて、ありがとう！」

感謝の気持ちでいっぱいになりながら、私は駆け足で出かけました。

春には倉庫の下や土の中で冬眠していたアズマヒキガエルがビオトープに姿を見せ、卵を産みます。日頃、ビオトープに注目している子どもはそれを見逃しません。「見つけた！」と大騒ぎをするので、たくさんの子どもが集まってきます。

季節を、子どもは敏感に感じ取っています。大人以上に関心をもち、楽しみ方を見いだしています。ダンゴムシが出てくる頃には、草の中をミクロの目で注視し、石を持ち上げ、ダンゴムシを発見すると素早く手のひらにのせて見つけたことを知らせます。季節の変化は肌で感じ、季節の色合いを目で眺め、自分の体を使って働きかけ、確かめています。子ども越しの目で一緒に季節を感じると、豊かな日常への扉が開かれます。

「昔っから、自然や動物、虫が好きだったの？」

以前、友人であるO先生から受けた質問です。この問いは、どうして自分が子どもの身の回りにある自然や、学校で飼われているウサギを題材にしているのかを問い直すきっかけになりました。

子どもと一緒に学校での生活を送っていると、子どもが興味

をもつこと、子どもを通して不思議だと思う出来事を体験させてもらえるようになりました。その一つ一つの積み重ねから、子どもを見ていると面白いことに出会えると無意識に思うようになったのです。

子どもの頃から「ダンゴムシ」が好きだったわけではありません。コロッと丸くなり変身するような面白さは感じていました。たぶん、春になるとダンゴムシを追いかけるタイプの子どもではなかったのです。一人でじっくりミクロの世界を観察する子どもではなかったのです。自分のこともよく思い出せないでいるのですが、私の周りにも、ダンゴムシを見つけて楽しい世界を知っていた子どもはいたはずです。

教師になって、いろいろな子どもに出会うことができました。自然もあり、遊具もあり、実験もでき、ものがつくれ、本もあり、何でもできる環境が整った空間で様々なことに関心をもつ子どもたちが一緒に生活しています。いろいろな子どもが一緒に生活するという共通の体験を、私は人生の半分以上の時間に与えられたわけです。そこで、私自身培われた力の一つが、子どもに近づいて自然に目を向けることだったのです。子どもが驚いたことや、発見したことを同じように体験することで、その楽しさを本気で感じるようになりました。

ダンゴムシはその一つです。おなかにへばりついた赤ちゃんを自分の力で見つけることは未だにできませんが、今年も子どもたちが、かわいい手のひらに、ダンゴムシをのせて見せてくれました。何匹も何匹も手に取り遊んだ中の一匹だったのだと思います。

木登りをする子どもたち

図工室の窓から公園で遊ぶ子どもたちの様子を眺めていると、木登りをしている子どもがいました。墨田区は東京大空襲で焼け野原になった地域で、終戦後に公園がたくさんつくられました。木々はその当時植えられたものです。大きく育ってはいますが、山や大自然の中にあるような枝振りではありません。興味深いのは、子どもが木にしがみついている姿が見られるのは、決まった季節だということです。それは木の葉が落ち、枝だけがむき出しになった冬の光景です。葉が生い茂る季節になると、木登りする子どもはいなくなります。

「どうしてかな？　枝が葉っぱに覆われたら、見つけられることなく木の上で過ごせるのに」

その疑問を子どもに投げかけてみました。そうしたらなんと、虫が出るのでいやなのだそうです。確かに、木には蚊などの羽虫や蜂もいます。虫が苦手だったのです。

自然の中で暮らす子ども、住宅地の中で暮らす子ども、生活する環境の違いはあれど、大きな木があると登りたくなる気持ちに駆られることには変わりありません。どこまで登ることができるのか、自分の力でどこまでいけるのか挑戦したい気持ちが満ちてきます。登った先に見える風景はどのようなものなのか、高い所への憧れがあります。

私は子どもの頃、公園の沈丁花の木の下に秘密基地をつくり、暗くなるまで過ごした思い出があります。今でも沈丁花の香りがすると、枝に囲まれた小さな空間を思い出します。

図工室の窓からは、学校の隣にある公園がよく見える。

ツリーハウスにようこそ［3年生］

子どもの絵は設計図

木に登ることへの憧れは、子どもだけのものではありません。この憧れは、樹木を使ったアスレチックやツリーハウスという形で実現されています。

「最近、公園の木に登っている人を見かけます。どこまで登ることができるのか挑戦しているのだと思います。ところで、どのくらいの高さまで登れるの？」

「二番目の枝ぐらい」

「そんなに登れないよ」

「前に、びわの実を取ろうとして木に登った2年生、枝が折れて落ちたんだよ」……

「高いところまで行くと、何が見えるのかな？　魅力あるよね。みんなと同じように木の上に魅力を感じた人がいます。大人です。大人なので、たくさん勉強して木の上に実際に家を建てました。木から家が落ちないように、設計図もつくっています。きっと子どもの頃に木に登ったことがあったに違いない！　と思います。ここは最高の場所だと発見したのです。今日の図工は、ツリーハウスにチャレンジしませんか？

子どもは、アイデアを出すことがとても得意です。夢のようなことも、絵の中では実現させることができます。みんなは得意ですね。家を建てるための設計図をつくることはできません。そんな勉強もしていないしね。でも、絵で表すことはできます。イメージしたツリーハウスを絵にしたいと思います。絵は子どもの設計図です。子どものすてきなアイデアは、大人になるまでに忘れてしまうかもしれません。絵に描いておけば残すことができます。こんな家がいい、どんな楽しいことが起こるのかなど、思いついたことをどんどん描いていくことができます」

描きながら、物語を紡ぎ出していく

木登りしている子どもの話をきっかけに、ツリーハウスをイメージし、表現します。絵に描かれていることは実際にあるものではなく、描きながらイメージし、工夫して表現した造形です。木登りをしている子どもを、木登りをしていない子どもが公園で目撃しています。どちらの子どもにとっても、木の上にある家は自分の未来に起こりうる可能性のあるものとして想像していきます。

図画工作では、自分で表した形や色が目の前にあるので、「次にどのような形をつくろうか？」「どのような色にしようか？」「ハムスターをどこに描こうか？」と絵と相談しながら考え、決定していきます。

自分で描いた木の枝振り、ツリーハウスを建てるというイメージをもとに想像します。思いついたアイデアを絵に表し、また考えます。おそらく、はじめからこのような形の家ができると決めて描いているのではなく、描いては考え、物語を紡ぎ出すように、楽しさをつくりだすように描いていきます。

「完成！」と決断したときの画面に表現されているものは、今でないとつくることができないような表現です。子どもがたどった考え方を含めた活動の過程が、そこにはあります。

2

1

1.**「オープン！ OKAWAツリータワー！」**Oくん　絵の中にはあふれんばかりの形や色がある。一本の木から楽しいイメージをもつ。思いついたことを話して絵も描く。また思いつく。ツリータワーは、自然と人工物を融合させている。Oさんは、食べること、生活すること、楽しむことが大切だと話している。絵を描く今も、楽しくあるべきだというOさんの思考が見えてくる。

2.**「夜のツリーハウスにハムスター」**Mさん　夜になると人間の世界は寝静まり、どこから集まったのか白くてかわいいハムスターが遊んでいる。大好きな動物と一緒に遊べるツリーハウスはアスレチックのような仕組みがあり、おなかがすいたときの食べ物も描かれている。大きな木を描きながら家を建て、動物の家も安定するように寄り添うように建てられている。幸せな想像は、描いているMさんの時間とリンクしている。

「たのしいツリーハウスにようこそ」Kさん　木の枝振りに合わせてツリーハウスを建てている。「この枝と枝の間はいい感じだ」と、絵の中で形と色と相談しながらアイデアを出している。家と家をつなぐハシゴは実際の建築でも生かすことができそうだ。食料になる木の実を描いて嬉しそうである。画面全体の形のバランスと色合いを考え表現している。Kさんの造形的な感覚が見えてくる。

子どもが一歩踏み出すきっかけ

子ども一人一人がツリーハウスのイメージをもち、本題材は展開します。はじめのお話は、子どもの「やってみよう」「何か楽しいことが起きるかも」「どんなことができるか」といった気持ちに力を与え、一歩踏み出すきっかけになります。イメージは子ども一人一人の中に生み出されます。

図工室の窓から見える木は子どもたちが知っている木です。画用紙の中に表された木は、子どもがつくりだした造形です。

子どもの日常生活の中で起きた出来事は、子どもの気持ちにリアルに響くものです。自分も友だちも知っている場所で、窓から見えるあの木に登ったという話は、今の自分の目で確かめて向き合うことができるのです。公園で遊んだ自分の経験を重ね合わせて想像することだってできます。

子どもの生活につながる話は子どもの想像への刺激になります。そこから子どもは、これまで経験してきた生活や出来事、成長とともに培われた思考の有りようを総動員して、造形活動に挑んでいます。子どもは頭で考えるだけでなく、形や色と対話し、感性、感情、知識、経験などを根拠にして判断していきます。それを繰り返す中で、自分自身の感性を育み、造形的な判断をし、味わいのあるものを楽しみ、自分自身をつくっているのです。

植物を育てる

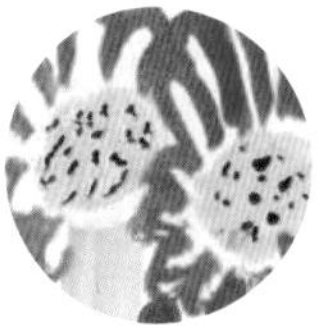

2年生の子どもたちが、オクラを育てるために、はりきって植木鉢に種をまいていました。かわいらしい手で、その植木鉢を大切に包み込むように持って移動していました。中庭には置く場所がいっぱいあるので、ずらっと一列に並べられました。

順調に発芽し生長しはじめたので、嬉しそうでした。ところが、6月には枯れてしまいました。植木鉢はそのままです。子どもたちに、

「どうしたの?」と聞いても、

「もう、枯れちゃったの」

「また、種をまいたらどう? きっと、まだ季節は間に合うよ」

「………」

『そうか。植物も、ただ種をまけば雑草のように強く育つものではないこと、育てるには日光と肥料が必要であること、たっぷりと水をあげてお世話することが大切であることを併せた体験ができていないな』と思いました。

図画工作の時間でも、それに近いことは体験できそうな気がしました。2年生の生活科の学習の目標や、5年生の理科で学ぶ知識とは違いますが、育てる楽しさは教科を超えて体験できる大切なことです。

図画工作では、見たこと感じたことを絵に表す題材があります。植物を描くとき、きれいな花を咲かせた桜の木や、入学式などに飾られた壇上の切り花をもらって描くこともあります。このような題材では、子どもの目で見て感じたままに描画材を生かし、工夫しながらつくりあげていきます。今回は、「植物を育てながら画用紙の絵も育てるつもりで描いてみよう」と提案しました。

ものができるのには時間がかかります。植物が生長するのも時間がかかります。世の中の多くのことは、速く効率よくできることに価値があるとされますが、ものをつくったり絵を描いたりするときは、時間を大切に使うことで学びが生まれます。

土を耕し、種をまいて育てているひまわりと、絵の中のひまわりを一緒に生長させながら、子どもも成長します。

生長するひまわり〔2年生〕

生長する時間を感じる

本題材と、花を咲かせた魅力的なひまわりを用意して絵を描くこととの違いは、日当たりのいい地面を耕した土の感触や栄養として土に混ぜた肥料やじょうろで水をあげた経験も絵の中に表現されることです。

土の中にも絵の中にも種をまきます。子どもは元気に育ってほしいという気持ちや、応援する気持ちも絵の中に表現していきます。また、生長する時間も子どもたちの意識の中に組み込まれていきます。

29ページのNさんの絵には、種から、たくさんの根が描かれています。大きく育ってほしいという気持ちの表れです。

小さな妖精の姿が登場しています。これは理科や生活科で行う観察して描く絵と違うところです。見て、育てて描く活動で

3年生になって一番はじめの図工の時間には、ひまわりを育てるために雑草を抜いて土を耕す。予想したよりも土はしまっていて、掘り起こすのに苦労したが、子どもたちはそのような経験もないようで、力仕事に夢中になっている。

すが、感性や感情が鑑賞で育む資質・能力と一体となって働きます。美しいもの、よりすてきなものへ気持ちが動きます。大切なひまわりなので、たくさんの光や栄養を与えるように絵を描いています。

左ページのIさんの絵を見ると、大切に描いた種が二つあります。実際の土の色を絵の具でつくることに集中しています。色へのこだわりを見せています。土から芽が出ていますが、さらっと描いているだけです。これから大きく育つひまわりを余白から感じます。

Iさんのひまわりも、二回目と比べると力強く育っています。ひょろひょろだった芽も太く、色も工夫しています。

絵の具は形や色をつくることができる材料です。描画材としては、クレヨン、色鉛筆、カラーペンなどもあります。筆や指、竹べらやローラーなどの用具を使い、自分の思いを乗せて表現します。

色の濃淡や色合い、筆圧や動きを見ると、子どもの気持ちを感じます。形の取り方がうまいとか、色がきちっと塗れているといった判断で満足していると、子どもの豊かな心の動きや情感のある表現を見落としてしまいます。

絵をみんなが見られるようにしておく

同じようにひまわりを育てていても、表現は一人一人違います。授業のはじめには、黒板などにみんなの作品を掲示したり、床に並べたりして、図工室に入ってくる子どもを待ちます。自然に鑑賞がはじまります。友だちに自分のいいところ、気づいたことを紹介してもらうと、子どもたちは次の活動に生かしていきます。

6

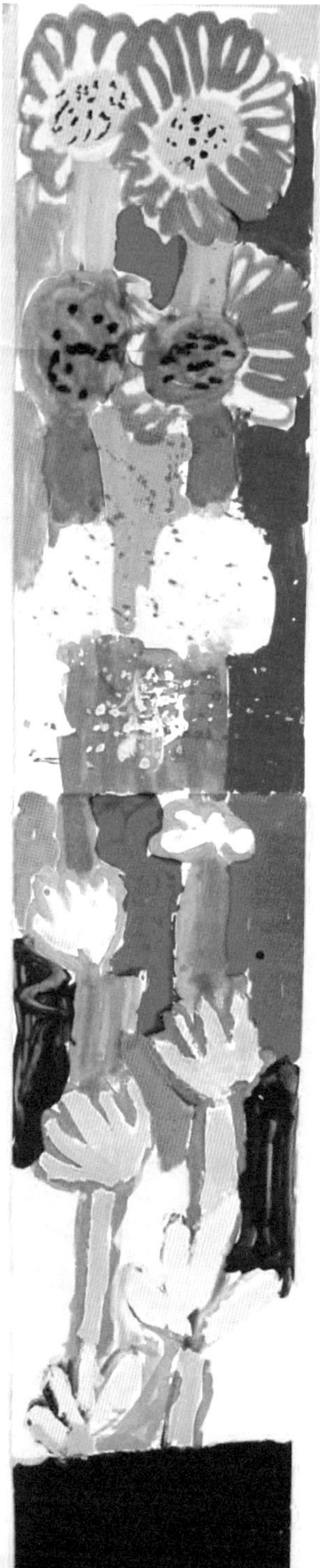

1. Nさんの、2回目の活動後の絵。
2. Nさんの、3回目の活動の様子。ちょうど七夕の日で、その日の朝、七夕集会があった。Nさんには、2回目からひまわりを育てる妖精のイメージがあった。この3回目には、そのイメージがはっきりしたのかその姿を大きく描いている。
3. **「ふしぎのせかい」**Nさんのひまわりが生長するごとに画用紙のひまわりも生長させて、花が咲いたときに絵を完成させた。種をまいて花が咲くまでの3ヶ月間に、4回の図画工作の時間を費やした。4回目には大きな花の中にクレヨンで小さな赤ちゃんのような花が描かれている。妖精もお祝いするように、ひまわりとともに躍動感のある表現になった。

3

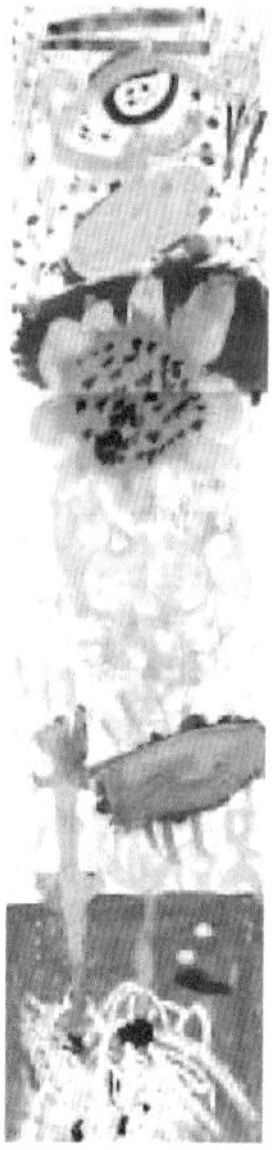

1

2

5

4

4. 3回目の活動の様子。太い芽になり、筆の使い方も工夫している。
5. 2回目の活動後の絵。まだ芽はひょろひょろとしている。
6. **「きれいな花のくに」**Iさん　絵の具そのものが土になったり、花になったりするのだ、ということを感じさせる表現である。生き物のように生命感をもち、生長させている。2回目の表現と比べ、栄養を蓄え太く元気に育つひまわりにつくりかえられている。最後まで気持ちがつながるか心配なところもあったが、Iさんの気持ちを見守る姿勢で応援した。きらきらするような花の色合いも大胆である。Iさんの身長を超えて大きくなったひまわりと、同じぐらいの長さの絵になった。途中で画用紙をつけ足し、大きさが決まっていく。実際のひまわりの花の色、葉の色とは違うが、自分の表現したいひまわりをイメージし描いた。形や色と対話し、自分で決定しながら描ききったことで、ひまわりの生長のように、子ども自身にも大きな花を咲かせた。

ずらりと作品が並ぶと、いろいろな形や色に生長しているひまわりの様子がわかる。
これからもっと大きく育ってほしいという、子どもの気持ちも伝わってくる。

育てながら描く

この題材では、育てながら描くというところがポイントです。育てる時間をしっかり取ります。日常的に水をあげることに加え、ひまわりの絵を描く前には、雑草抜きをしながらひまわりの様子をよく見るようにします。茎のトゲトゲや感触なども感じることができます。

いつまでも夢中になって雑草を抜き続けている子どももいました。

画用紙をつけ足しながら育てる

どんどん生長していくと、茎も葉も太く大きくなります。背丈も伸びていくので、画用紙が足りなくなってきます。はじめに用意した画用紙は長いサイズなので、土と余白のバランスを考えて描きはじめます。しかし、画用紙と植物の背丈を比べてみると、もっと画用紙を長くしないと追いつかなくなります。画用紙は多めに用意して、つなげていきます。必要な長さに合わせて、切るなどして調整します。

画用紙のひまわりも、中庭で育ったひまわりも、子どもの身長を追い越して大きくなりました。この大きさも魅力の一つなので、種は2mぐらいに育つ種類のものを選びます。

次の年に種をつないでいく

昨年とは違う風景が中庭に生まれました。3年生の子どもが育てたひまわりがいっぱい咲きました。他の学年の子どもたちも、教職員もひまわりの花に注目しています。緑の雑草畑の中に黄色い大きな花が嬉しそうに見えます。

不思議なことに、花が咲く前は、周りの木々や雑草の緑に紛れ、さほど新しいこととして目に入ってこなかったようです。花が咲くことで、生活の場に変化が生まれたのです。そばに近づいて触っている子ども、周りをくるくる走り回る子ども、教室からのんびりと眺めている子どもがいます。

この題材は、種を収穫して、枯れた茎を抜いて、土地を整備して終了になります。最後まで片づけるということは、図画工作の時間と同じように大切です。

最初の年は、収穫した種を隣の家庭科室でパンケーキのトッピングにして、おいしくおなかの中に入れました。

次の年から、この題材を毎年続けています。そこで、収穫した種は次の学年へプレゼントすることにしました。

種をまくタイミング、花が咲く時期などは、その年の気候によって変わってきます。夏休みを挟んで9月に花を咲かせたこともありました。

夢中になって雑草を抜く子ども。
夏にはひまわりが満開になった。

COLUMN 2

共有できることから、自分の着地点を見つける

学校や地域は子どもにとって共有できる場所であり、生活の場です。ここに、視点を与えることで、共有の体験をすることができます。

学校は、子どもの資質・能力の育成に基づき各教科等の学習をします。体や感覚、思考を働かせ、日常の生活につながる生きた教育を実現するために、よりよい環境を整えることを目指します。自然や生き物もその一つで、そこから学んだことは各教科等の学習に生かされるものです。

また、子どもは自分の経験に基づいて、自分のスタンスで自然や生き物と関係をつくり、経験を積み重ねたり、新しい経験として更新したりします。自分の興味・関心に基づき、自分の時間でそれができるのです。

ですので、環境を切り取る視点からはじまる造形活動は、一人一人の経験に基づく想像力を働かせることを促し、活動する中で子どもは自分の着地点を見つけます。共有した経験からスタートを切りますが、そこから子どもが想像する世界は、これまで生きてきた経験に基づくイメージを展開させていくので、子どもの表現は多岐にわたります。一人一人が自分の感性を働かせ、自分の考えをもって表現します。作品があるので、お互いに見ることができ、友だちの感性を感じ取ることができます。人も作品も、そのままの姿で交流します。

影響し合った子どもたちの「今」が、そこにあります。

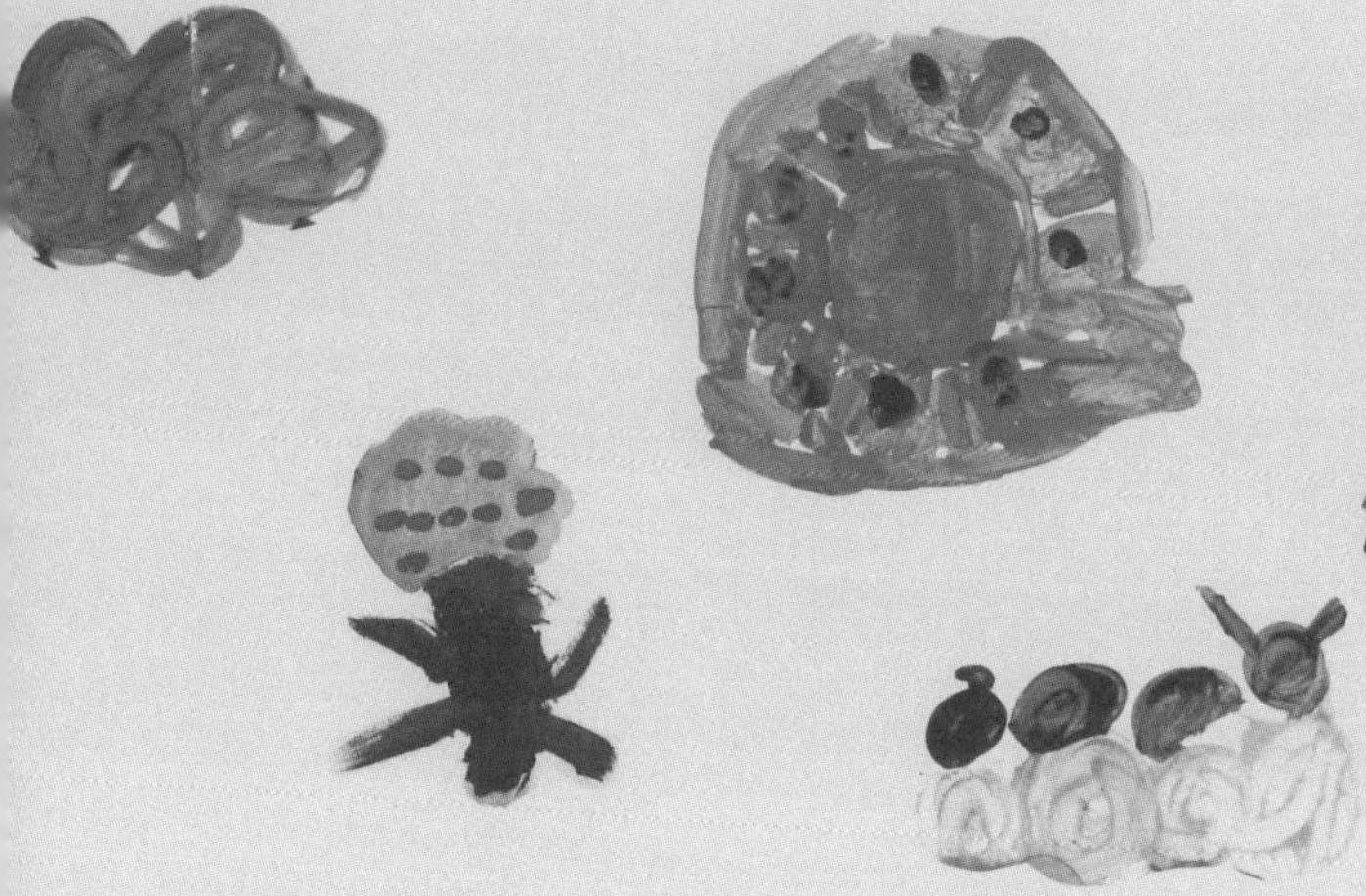

2

CHAPTER

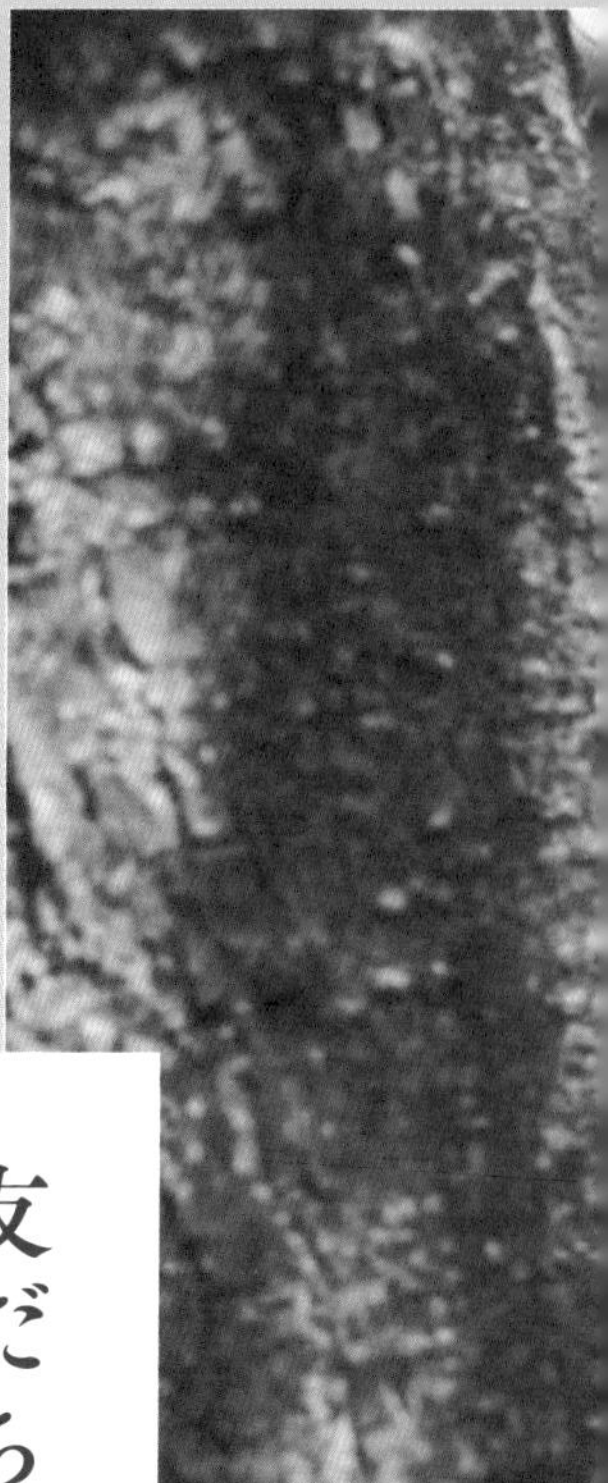

友だちとの関わりが生まれる

一人ではできなくても、友だちの助けがあればうまくいくことがあります。助けている子どもにとっても、助けられる子どもにとっても、お互いを後押しする中に学びが生まれます。人とのよりよい関わりは、生きていく上で大きな力になります。

楽しく活動しながら、友だちとの関わりが自然につくられるのも、図画工作の特徴の一つです。

教師の少しの工夫で、このような関係が生まれる環境をつくることができます。子ども同士のよりよい関係は、子どもの学習を支え、子どもの資質・能力を育みます。

「友だちとつながる」

図画工作の学習では、友だちとの関わりを大切だと考え、指導しています。

自分が楽しかったことは、友だちに伝えたくなります。また、いいアイデアが出たときも聞いてほしくなります。困ったときは友だちのやっていることを見ると、いいことを思いつきます。押さえてほしいとき、友だちが助けてくれます。一人ではなく、周りに友だちがいるのだから当たり前のことかもしれません。

こんな姿を見かけました。

子どもが、自分の描いた作品と友だちの描いた作品をつなげて楽しそうにおしゃべりしています。そばに行って二人の話を聞いていると、絵の中で遊んでいるように話しています。絵の続きの物語もつくって、楽しそうです。

どうやら子どもたちは、遊びの中で自然につながっていたようでした。子どもの姿から、つなげるという魅力を教えてもらいました。とってもすてきなことなので、大切に図画工作の題材に生かそうと思い、熟成させて、「連結」という仕組みで子どもに提案しました。

この題材は、自分の楽しさだけではなく、友だちのつくった楽しさも一緒に味わうことができる題材です。

れんけつのりものをつくろう／あそぼう［2年生］

「連結できる」という魅力

「今日は、片手で動かせる程度の大きさの乗り物をつくります。一人一台乗り物をつくりますが、その乗り物は連結できる乗り物です。連結できるので、二人で連結すると1号車、2号車となります。同じ班の友だちと連結すると、1号車、2号車、3号車、4号車と、さらに長く連結できます。クラスの友だちみんなで連結すると1号車から30号車とつながります。みんなで息を合わせて持たないと、うまくいきません」

連結できるという仕組みは、ヒートンを使うので至って簡単です。乗り物の前後に小さな穴をあけ、ヒートンの先をねじ込むだけで取りつけられます。そして友だちの乗り物と連結できるのです。

子どもは、自分の乗り物がとってもすてきにできることを想像し、「友だちのすてきな乗り物とつながったら、どのようになるのだろう？」とさらにイメージを膨らませます。「連結できる」というわくわくした気持ちも乗せて、授業はスタートします。

この題材の目標は、「木片の形や連結するという仕組みから、思いついた形や色を組み合わせて乗り物を工夫してつくる活動を楽しみ、連結して遊びながら乗り物の形や色のよさを味わう」ことです。連結乗り物ができるまでには、友だちとの関わりが見られる場面が何度か訪れます。教師が意図的に環境設定しているから見られる場合と、自然にそのような活動になる場合があります。

1. ヒートンを使って連結する。2. 中心となる材料の木片に、木切れを使って全体のフォルムを定めている。3.4. 電車が大好きなTくんは、この木片に合った大きさの木切れを使って、座席をつくる。電車を思い浮かべながら部品をつくり、目の前にできている造形と折り合いをつけながら、よりよいものにしようと考えを巡らせている。車体の色は座席の黄色に対して青にした。完成前にヒートンを取りつけ、友だちと連結してみる。「そうだ！」と連結部分を確かめ、さらに工夫をしはじめた。

自然に「見合う」が生まれるしかけ

はじめてのこぎりを使うときは、各班にノコギリ一丁とC型クランプ一個を配ります。安全指導と持ち方、持ち手の位置、刃の角度などを指導します。

子ども同士がお互いの目で確認して、慎重に活動を進めます。注意深く見ているからか、友だちへの言葉がけは、自分で木を切るときよりも正確に伝えられるようです。目で見る情報だけではなく、木が切れていく音の変化にも気づきます。

中心となる材料は、子どもが切り分けた木片です。他にもこれまでに経験した材料を用意しておきます。子どもは木片の形をもとに、つくりたい乗り物をイメージします。使いたい材料を選び、つくり方の工夫をして、連結乗り物ができていきます。周りには友だちがいるので、

「どんな乗り物をつくっているのかな?」

「あっ、いい材料を使っているな」

と、自分の連結乗り物をさりげなく友だちの乗り物の隣に置いて、様子を見ています。

図工室の机は、日頃四人がけで使っています。同じ班の友だちがつくっている様子はいつでも目に入ります。また、周りの友だちの活動の様子を見ながら、材料を選びに移動しています。材料を置く机の場所や材料の配置は、安全面の配慮と子どもの鑑賞の力が発揮されるよう動線を考え、計画します。

友だちと一緒に遊びたくなるしかけ

本題材ではつなげる方法を考えることが主となる活動ではありません。「連結する」というのは、すてきな形の乗り物、すて

きな色の乗り物をつくろうとする子どもの気持ちをぐいぐい押してくれる、子どもにとっての魅力的な刺激になります。

連結することで友だちの乗り物と一緒につなげて遊ぶことができます。一緒になることで、友だちと近づき、お互いの乗り物のよさや面白さを見つけ、話し合うことができます。

低学年の子どもの鑑賞は、率直に見て楽しめるような内容を心がけています。友だちと一緒に遊べるような「ささやかなしかけ」があると、そこから子どもたちはもっと遊びを創造し、楽しさを広げていきます。

この「遊び」は子どもにとって本気の活動です。教師が一言、鑑賞につながる言葉をかけると、子どもは作品をじっくり見て、気づいたことや感じ取ったことを話しはじめます。


図画工作の時間、子どもはたくさんの友だちと一緒に活動します。友だちが工夫したことや、いいアイデアなどをよく見ています。教師が思っている以上に友だちの影響を受けながら、たくさんのことを思いついています。友だち同士で解決しています。授業中にあちこち動いている先生を呼ぶ前に、友だち同士助け合い、解決できることを学習しています。

それは、自分で思い描いたことを形にしたい、つくりきりたい、と夢中になりながら、自分たちで解決するための方法を友だちとの関わりから見いだしている姿です。

連結乗り物の遊び場をつくる

連結乗り物が完成したら、さらにこんな提案をします。

「せっかくつくった連結乗り物なので、遊び場をつくりませんか？　机の上は地上なので、地下だってできます。いろいろな大きさの画用紙があります。貼るためのテープがあります。マスキングテープといいます。はがすことができるテープです。色鉛筆やカラーペンもあるので使ってください」

「2時間あります。みんなの連結乗り物で楽しく遊べる楽しい場所にしましょう。つくりたいものをつくって、一緒に遊びましょう」と続けます。

子どもたちは連結乗り物を手に取ると、早速机上スペースに画用紙で道をつくったり、線路をつくったりしはじめます。

「どこからスタートする？」

「駐車場もつくりたい」

「トンネルもつくろうよ」

「ぼくの乗り物は飛行機なので滑走路が必要だ」

など、思い思いの活動がはじまります。

学習を支え合う

子どもは、教室の中に先生が一人しかいないということを子どもなりに理解しています。なので、自分たちで解決できることは自分たちで行っています。その表れの一つに「友だちの活動をよく見ている」ということがあります。子どもは成長の過程で、自分の力でできた喜びを何度も味わってきているので、気にして周りを見ながらも、ただ見ているのではなく「いいな」「そうか」と判断するきっかけを見つけています。一見真似をしていると思われがちですが、とても主体的な活動です。

「面白い」「いい方法だ」と判断しているのはその子ども自身で、そこから「あっ、そうだ」「こっちの色の方がいい」と積極的な考えをもっているのです。

また、こんなこともあります。自分がいいと思ったことやこ

1　Oくんは画鋲を使うことで、紙でつくったプロペラの羽を木に取りつけ、回すことができるとわかった。

2　その様子を見ていたHさん（左）。自分の作品にも画鋲を使おうと考えた。画鋲を木に刺すには力が必要だ。Hさんは手のひらが痛くなるが、隣にはすでにできたOさんが「できる！」と応援してくれているので、あきらめない。

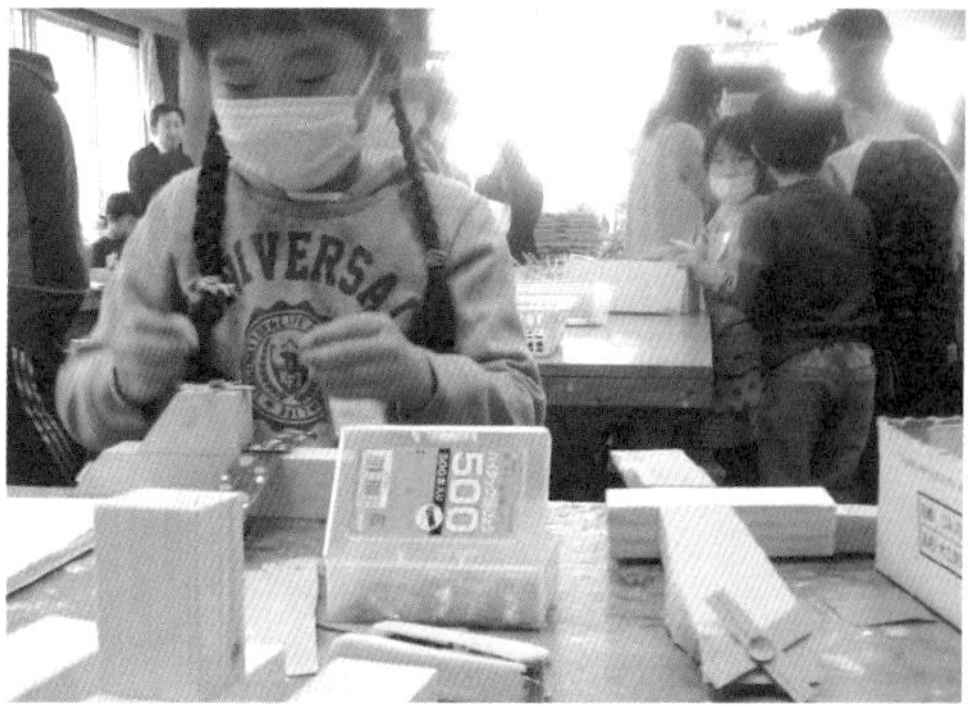

3　遠くからHさんの様子を見ているIさん（中央奥）。どのような工夫をしているのか気になっている。

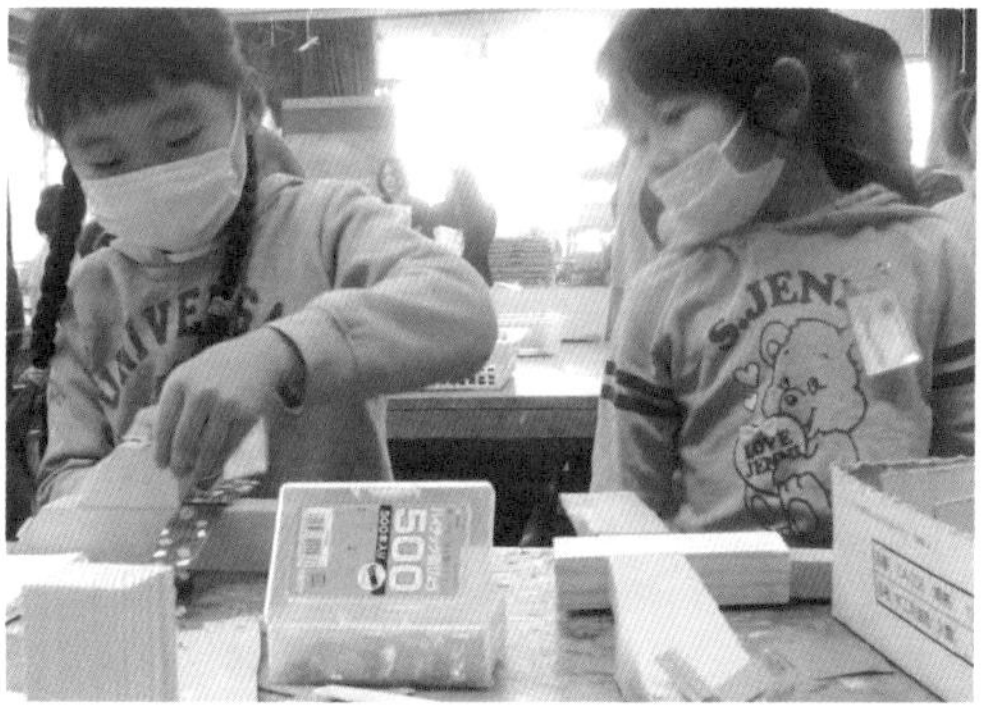

4　IさんがHさんの隣まで来て「どうやってとめるの？」と聞いている。「そこの箱に入っているから、一つもらえるよ」とHさん。

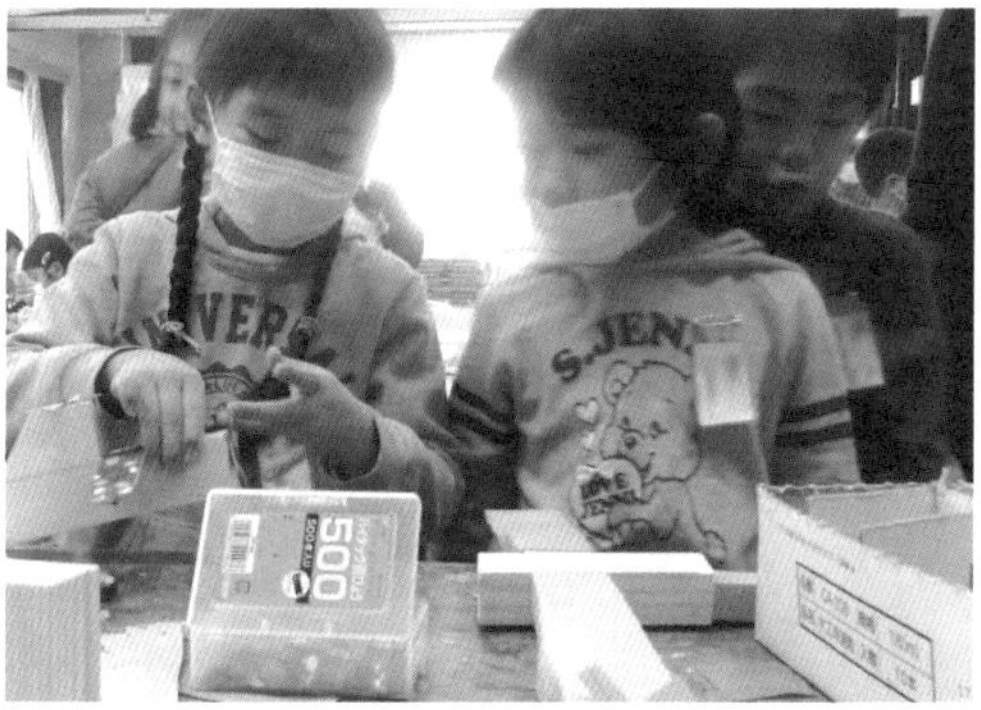

5　うまく取りつけることができたHさんは、Iさんにやり方を教えている。Iさんの後ろには鉛筆を持って戻ってきたOくんがいる。

6　OくんはHさんのことを気にしながら、もう一つのプロペラをつくっている。

1　「ねーねー、これ」とYくん（左）は見せているが、女子（右）は自分のことに夢中で聞いていない。

2　「どうしたの？ あっ、これね」と、手前のSくんがのぞいて確かめている。

3　Sくんがはさみで色紙を切って何かをつくりはじめた。

4　Yくんはその姿を見て、鉛筆と黄色の色鉛筆を出した。

5　Sくんは手先を器用に使って、はさみとテープで何かをつくっている。複雑に、全ての指を動かしている。

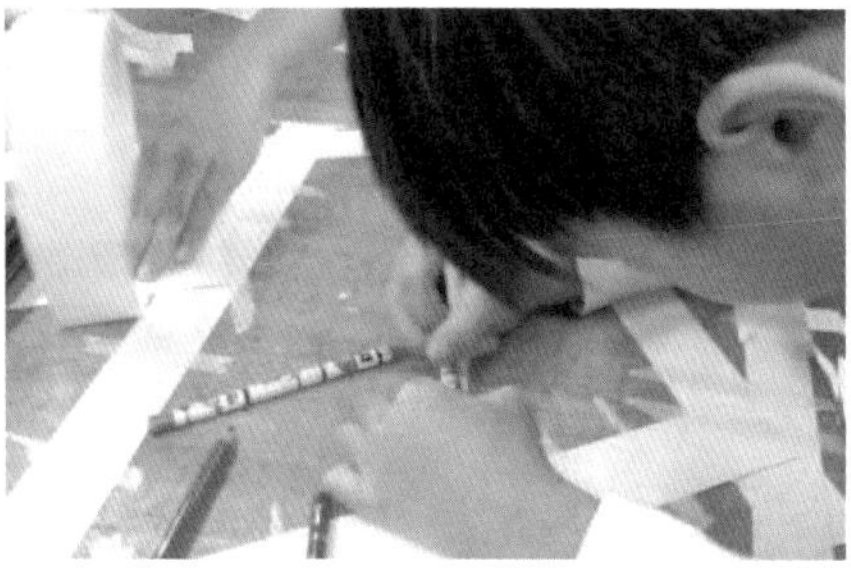

6　Sくんがつくっている様子を見て、Yくんはもっと工夫しようと思ったのか、鉛筆と色鉛筆で交互に色を塗る。

7　Sくんは、Yくんがつくろうとしていたものがわかり、足りない部品をつくりはじめたのだった。Yくんはその姿を見て、自分ももっと工夫しようと思った。二人はつくったものを持ち寄り、合体して踏切を完成させた。

8　二人のつくったものをグループの女子も受け入れた。とてもよくできていて、満足そうだ。

んなことをやってみたいという気持ちで活動していることは、誰かに聞いてもらいたくなります。友だちに一生懸命話している子ども、作品を見せている子どもがいます。それを受け止めて聞いている子どもがいます。友だちがいることで新しい考えや工夫を思いついたり、楽しい気持ちになり意欲がわいたりします。友だち同士の関わりは、学習を支え合っているのです。

一つのグループでほんの5分ぐらいの時間に起きた出来事を紹介します（右ページ）。

たまたまビデオと写真で記録に残せた子どもたちの活動場面です。実際には、90分の図画工作の時間に、三十名ほどの子どもたちが活動しています。教師は、子どもの活動の様子を見ていますが、子どもに声をかけられると話を聞き、材料が足りなくなれば準備もしながら授業をしています。全ての子どもの活動を見ることはできません。見落としていることがほとんどかもしれません。それはつまり、SくんやYくんのグループのような、友だちの気づきや発見から力をもらい、自分の足りないことや「もっと色で工夫ができる」といった思いに至ることが、他のグループにも起きている、ということです。

女子二人は男子二人の喜びを見ながら楽しい気分を膨らませ、男子二人は一緒にアイデアを出しながら、自分たちが導いた関わりに満足しています。一人一人の学習に力を与え合い、影響し合いながら一人一人の資質・能力が育まれているのです。

近づいて見る、俯瞰して見る

子どもの様子は作品から判断することもできますが、活動の様子を見ることが大切です。そこで私は、ときどき椅子や空いている机にのぼり、高いところから俯瞰して全体を見る癖をつけています。そばで見ると、子どもが話している言葉や友だちとの関係、細かな手先の動きなどを捉えることができます。俯瞰して見ると、全体の子どもの動きが見え、停滞している子どもがいれば、そばに行き声をかけることができます。

近づいたから見えること、俯瞰したから見えることがあります。

ときどき俯瞰して子どもの様子を見る。

遠足をしている気分で絵を描く

みんなでお出かけする上野公園への遠足は、子どもたちが楽しみにしている行事です。みんなで電車に乗ることも、友だちと長い列を組んで駅まで歩くことも、リュックサックにお弁当を入れて背負っておしゃべりすることも、上野動物園に向かうわくわくの助走のようなものです。いや、そのこと自体も子どもたちは楽しんでいるのです。

私自身、「前の日は、なかなか眠れなくて……」という記憶は、つい先日のことのように思い出されます。いやいや、今でも楽しいイベントの前は同じかもしれません。遠足当日、リュックサックを背負い、ぴょんぴょん跳ねるように登校する子どもの表情はにこやかです。1年生と一緒に行動する2年生には、緊張気味の様子も見られます。

そんな子どもの楽しみを案内する教師も、いつもとは違った服装で子どもと同じようにリュックサックを背負い、晴れやかな表情をしています。

この日は、1年生と2年生がペアになって行動します。異学年の子ども同士がグループになって、動物を見たりお弁当を食べたりして楽しい時間を一緒に過ごします。

「ぼく、トイレに行きたい」
「わかった、一緒に行こうね」
「えーっと、ライオンは……もっと歩かなくちゃね」
「おなかすいた」

などと楽しそうです。

2年生は1年生が楽しく過ごせるように、迷子にならないように、よく見て案内していました。引率している私も、子どもの姿を通して楽しい一日を過ごしました。無事に学校に着いて、2年生には1年生と一緒に行動できた達成感も生まれました。困ったことも精一杯考えて乗り越えた一日でした。

遠足は、特別活動の目標のもと計画が立てられますが、子どもたちはこの遠足という一大イベントでたくさんのわくわく感を味わっています。はじめて出かける場所には、電車にたくさんの子ども同士で乗り込み、みんなで歩く道では、はじめての感覚を働かせて周りの風景を感じ取ります。平坦な道だけではなく、電車の道は線路になっています。地下鉄に乗るときは階段を下っていき、地上に出るときは階段を上っていきます。緑がたくさんある公園内の道は、広くて公園そのものです。見たことない人がたくさん行き交う中を歩きます。

子どもたちは、その場その場の状態に応じた歩き方をしています。何が起きるか、何が現れるかはその場に行かなくてはわかりません。

いろいろな道をえんそく【2年生】

四人で組合せ方を相談しながら、画用紙を貼り合わせる。

みんなの画用紙

この題材は、このような「何が起きるかわからない」ことを味わいながら、友だちと一緒に絵を描く題材です。

まず班ごとに十枚の画用紙を組み合わせて、セロハンテープで貼り合わせます。大きな画用紙をどのような形にするのか相談しながらつくります。貼り合わせたら力を合わせて裏返し、それを表にします。

大きな画用紙を用意することもできますが、小さな画用紙をつなげることで、みんなの場所であるという意識を高めています。一人ではなくみんなで出かける遠足の楽しさを画用紙に乗せるための第一歩です。

画用紙は、班人数で割りきれない枚数にすることで、一緒に活動することを示しています。

待つ時間は、見て考える時間

誰もが「早く自分の道を描きたい！」と思うところですが、どのような道をつくるかじっくりと見て、考えて、みんなの楽しい気持ちも一緒に連れて行ってほしいと思っています。

なので、まずは一人ずつ、リレーのように道をつなげて描いていきます。いろいろな線の色や行方を追いながら、自分はどのようなことができるか考えたり、ひらめいたりする間合いをもてるように設定しています。何度か繰り返すうちに、見ることよりも自分が描くことへの欲求がまさり、待っていられなくなります。

お互いの線が交差しはじめるとそれぞれのやり方のようなものが際立ってきますが、画面の様子や、一緒に出かけることを根拠に、相談し、考え、乗り越えていけるように見守ります。

道なのに黄色に塗られていたのは、
桜の花粉がたくさん落ちているから。

一緒に活動することで、一人では思いつかないような動きが生まれる場面もありますが、一方で友だち同士の折り合いをつけなくてはならない場面も生まれます。

友だちとの関係も一緒に形づくられていく

カップに自分で使いたい色をそれぞれつくります。そして、一人ずつ道を描きます。周りでは、友だちが見守っています。続きを友だちが描いてくれます。そのうち、どんな場所になるのか相談もしはじめます。新しい道ができると、

「この色使いたい！」

「このへこんだところ、池にしようよ」

「もっと遠くに行く道をつくろうよ」

自然に友だちとの関係がつくられていきます。

友だちとの折り合いがうまくつかない場合もあります。そんなときは、

「みんなで出かけるのだから、いろいろな場所をつくってみんなで楽しめるようにしよう。画用紙の中にすてきな場所がまだ隠れているはずだよ」

と声をかけます。どうしても見つからない場合は、もう一枚画用紙を足してもいいでしょう。折りたたみ式で「ほらっ、ここにも行けるよ！」と楽しい工夫につながります。

道なのに黄色にしているのを不思議に思って聞いてみると、

「桜の花の花粉が、いっぱい落ちてきたんだよ」

「そっか！　花粉の道だ！」

今まで私自身の目で見ていた道が、子どもの思いに乗っかって、新たな視点で見ることができた瞬間です。

友だちの発見を味わう

大きな画面に、一人ではなく友だちと一緒に描きます。いろいろな筆の動きを、全身を使って工夫しながら描いています。力加減や動きによってできる造形を感じ取り、その場で生かしていきます。

友だちが一緒に活動しているので、自分だけでなく、友だちの発見も自分のことのように味わう場面が生まれます。

友だちが描いた道に、たくさんの木を描いたKさんをそばで見ていたAさんは、カップに入れたオレンジ色の絵の具をKさんに見せました。Kさんは「ミカンにしよう」と提案しました。Aさんは笑顔で頷き、嬉しそうにミカンを描きました。友だちの描いた太陽の周りに雨を降らせているのはOさんです。友だちが描いたことも真剣に見ています。友だち同士が物語をつくり、味わいながら活動をつなげています。

活動場所の選び方

題材の目標に照らし合わせ、適当な活動場所を設定します。教師は子どもの活動をシミュレーションし、より豊かな活動が保証され、子どもの資質・能力が育まれるよう事前に計画し、活動場所の準備をしておきます。

床を活動場所にすると、広さがあるので、画用紙を並べるときに方向や長さへの感覚が働きます。グループ同士の活動がつながり、全体に広がる可能性があります。

机上を活動場所にすると、机の大きさに収まるという規制が働きます。それゆえ、視線の高さと広さがほぼ定まります。机

の高さで活動するので、お互いがつくりだす線の動きや行方を囲んで見ることができ、動きやすく見やすいという利点があります。また、カップに入った絵の具を置く場所にもなり、こぼすリスクが少なくなることで活動に集中できます。

このように、活動場所によって子どもの活動が方向づけられます。材料や用具によっても活動の方向性が示されます。どのように環境を設定するのか、題材の目標をもとにじっくり検討することが大切です。

みんなで鑑賞

鑑賞にもいろいろな方法があります。

- 活動のめあてに対する問いを記述したワークシートを使い、個々に鑑賞する。
- 作品を囲んで、グループで鑑賞する。
- みんなで作品を見て歩きながら鑑賞する。

毎回同じ方法にならないように工夫をするとよいでしょう。同じ問いかけばかりを繰り返すと、子どもは、その問いに応えられるような活動をするように学習してしまいます。知らず知らずのうちに、教師の意図することを子どもは察知するのです。

今回の鑑賞は、友だちと一緒に表した楽しい遠足なので、おすすめのポイントなどを紹介し、お互いのよさや楽しさを味わう場とします。自分が満足できると「友だちもきっといいことしているのでは」と気になるものです。お互いの楽しさやよさを十分に味わう時間にすることが大切だと考えています。

Oさんの言葉から「真ん中にあるのは太陽です。みんなでぐるっと道をつくって、いろいろな場所があります。真ん中に太陽があればどこから見ても空に太陽があります。太陽の間の周りにある水色のぽつぽつは雨です。天気雨なんです。そして、その水が溜まって川が流れるように描きました。川が流れて湖もできました。木には実がなっているので、遠足で食べます。みんな一緒に遠足に行きましょう」

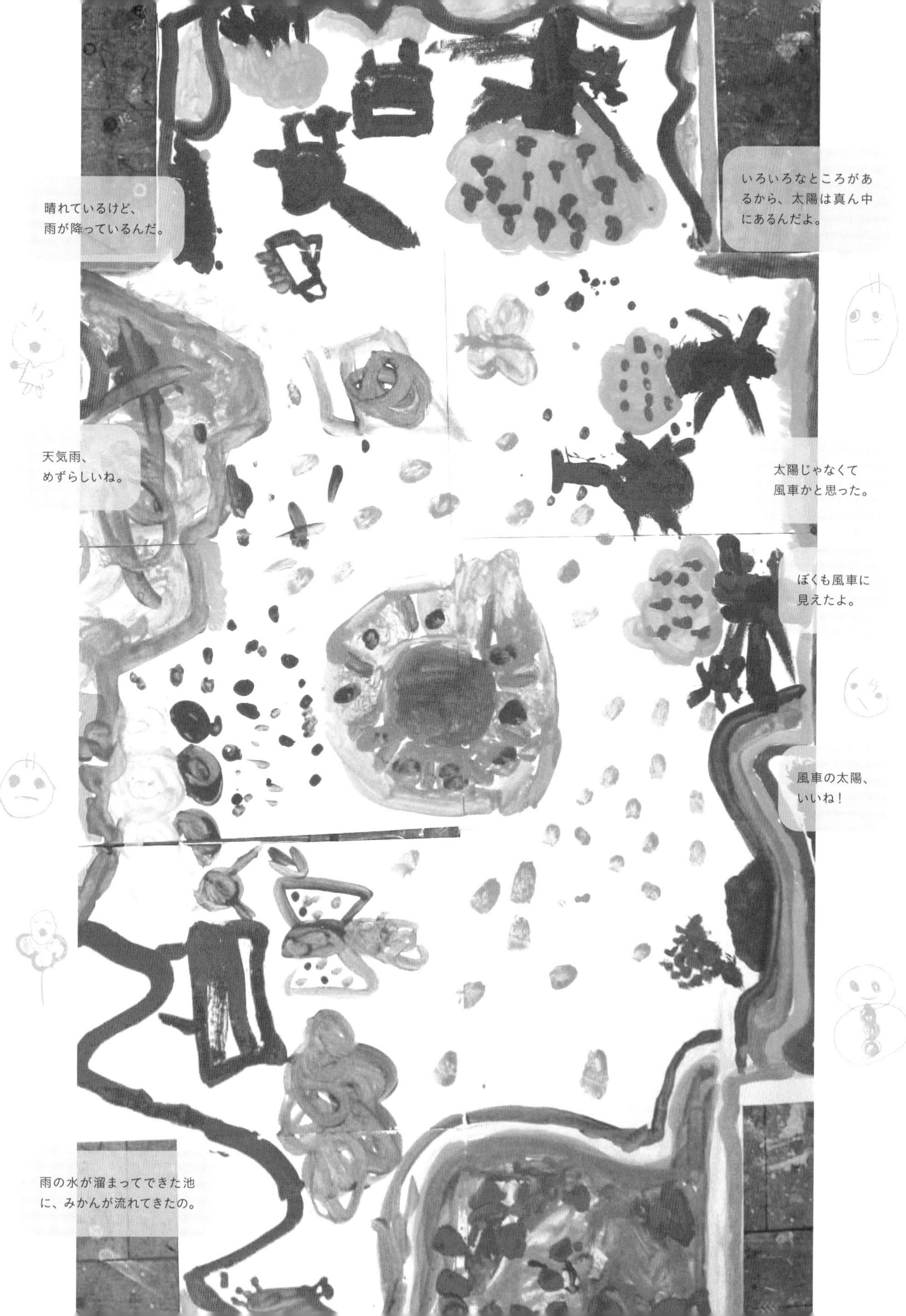
晴れているけど、
雨が降っているんだ。
いろいろなところがあるから、太陽は真ん中にあるんだよ。
天気雨、
めずらしいね。
太陽じゃなくて
風車かと思った。
ぼくも風車に
見えたよ。
風車の太陽、
いいね！
雨の水が溜まってできた池
に、みかんが流れてきたの。

嬉しさが重なり合う

自分がつくったもので友だちが遊んで喜んでくれると、みるみるうちに子どもは嬉しそうな笑顔になります。それを見ていた別の友だちが「私も遊びたい」とやってくると、自信をもって「いいよ」と答えています。遊んでいる友だちがうまくいかないと、お店の人のようにとても親切に教えています。もっと楽しく遊べる方法だって教えてくれます。

一人でもつくることができる大きさの「コリントゲーム」「ビー玉ころころゲーム」などの、つくって遊べる工作があります。はじめは一人で試して、もっと面白くなるように工夫していますが、「これはいい!」と自信をもつと、「やってみる?」と友だちに勧めています。私も興味津々でそばに寄っていくと、親切に説明して遊ばせてくれます。「あー」と失敗してがっかりしていると、「もう一度やっていいよ。ここをもってゆっくり転がしてね」とアドバイスしてくれます。「子どもって優しいんだな」としみじみ思います。お互いに嬉しくなります。

すごいビー玉ころころジェットコースター［5年生］

夢中になってイメージを形にする

子どもたちが楽しみにしている題材です。一人ではできない規模の工作に挑戦します。

子どもたちは、体全体を使ってバランスを取りながらつくります。空間を意識し、計画を立て、友だちと一緒にビー玉が転がるレールや仕組みを考えます。ビー玉を転がし試しながら、うまくいかないところを考え、工夫しながら解決していきます。イメージと工夫と判断を繰り返しながらつくります。

子どもの「やったー」という歓声や、「あ〜」というがっかりした声がたくさん混ざり合って聞こえてきます。ビー玉が転がる楽しい様子を友だちと一緒に喜び、夢中になってイメージを形にし、活動を展開させていきます。

四本の柱を立てておく

本題材では、図工室の大きな机を活動のステージとします。高さを出すための柱を四本取りつけておきます。ぐらつくとレールがはずれてしまうので、しっかりと固定します。ここまで教師が事前に準備をしておくと、教室に入ってきた子どもたちは、いつもと違う図工室にわくわくします。

この柱があることで、高さと空間を子どもは感じ取ります。例えば、ビー玉を転がすためには傾斜が必要なので、自分の背丈よりも高いところにスタート地点をもっていくことができます。子どもが電車のつり革にぶら下がってみたい気持ちに駆られるのと同じように、手を伸ばして届くぐらいの高さに子どもは、魅力を感じます。

この柱を立てることで、高さと安定感が備わります。また、子どもたちはスタート地点を複数設置することができます。

協力し合うとうまくいく

はじめはどんなことができるのか、手探り状態です。これまでの経験などをもとにイメージを立ち上げ、つくりはじめます。一人一人が思いついたアイデアをもとにつくってみます。友だちと相談しながらはじめる班もあります。

ビー玉を転がしながらレールの調整をし、レールから飛び出さないように角度や傾斜、壁の補修などをします。そのうち友だちみんなの目で確かめるようになります。一人ではできないことにみんなが気づきます。みんなで協力すればうまくいく体験を積み重ねていきます。

同じ目標でつながる

この題材は、

- ●一人ではできない
- ●つくって遊びたい
- ●時間が限られている

という題材の内容から、「協力してつくるという目標」を子どもたちに伝えなくても、自分たちで協力したくなる内容になっています。子どもの遊びは、友だちとの関係がうまくいかないとつまらなくなってしまいます。

教室に入った瞬間、何か楽しいことができそうな予感を子どもたちは感じます。自分たちでつくったもので遊ぶことができるという魅力があります。子どもたちは活動を成功させたいという同じ目標でつながります。

机の角に取りつけた四本の柱に、グループでコースをつくっていく。

「ビー玉！行け！！ジェットコースター」Tさんの日記より
私は、ビー玉コロコロジェットコースターで、班の人とビー玉がうまくころがるように、いろいろ工夫してつくりあげることができました。私が一番がんばったところは、エレベーターのようなところでした。なかなかいい重りがなかったので、いろんなもので試してみました。そこで、OさんとYさんに消しゴムをかしてもらって実験してみたらもう少しで成功しそうなところまでいきました。なので、Yさんの消しゴム入れを貸してもらって、その中に鉛筆のキャップを一本増やしたり減らしたりしてちょうせつしました。いろいろやってつくりあげることができました。成功したときはとてもうれしかったです。また班で協力して何かをつくりあげたいです。
〈担任のK先生の日記のコメントより〉あのエレベーターが上手くいったとき、先生も感動してしまいました。きっと成功するまでいろいろな工夫があったのでしょうね。こつこつじっとがんばれるTさんだからこそ、つくりあげられたんだね。

1

2
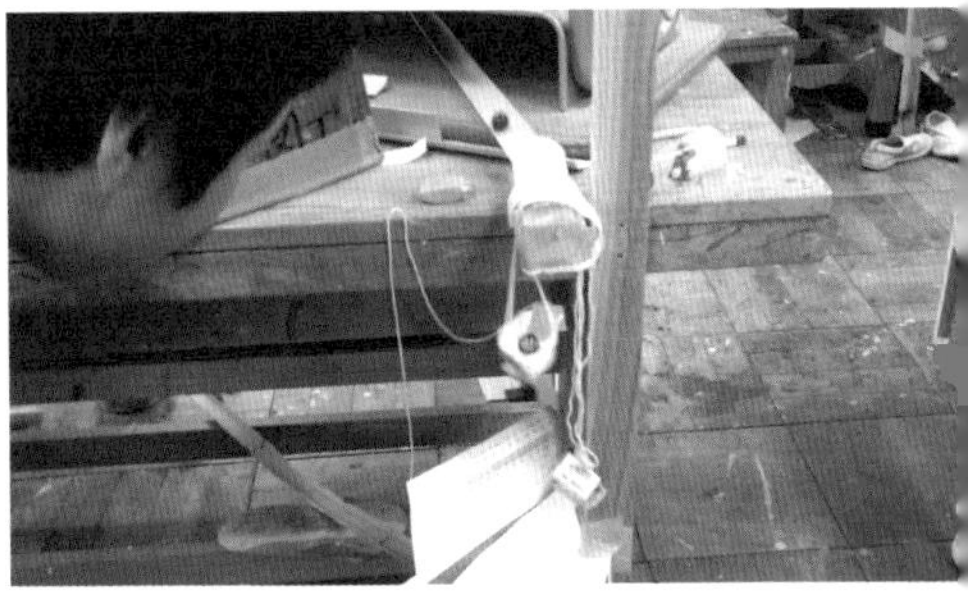

3
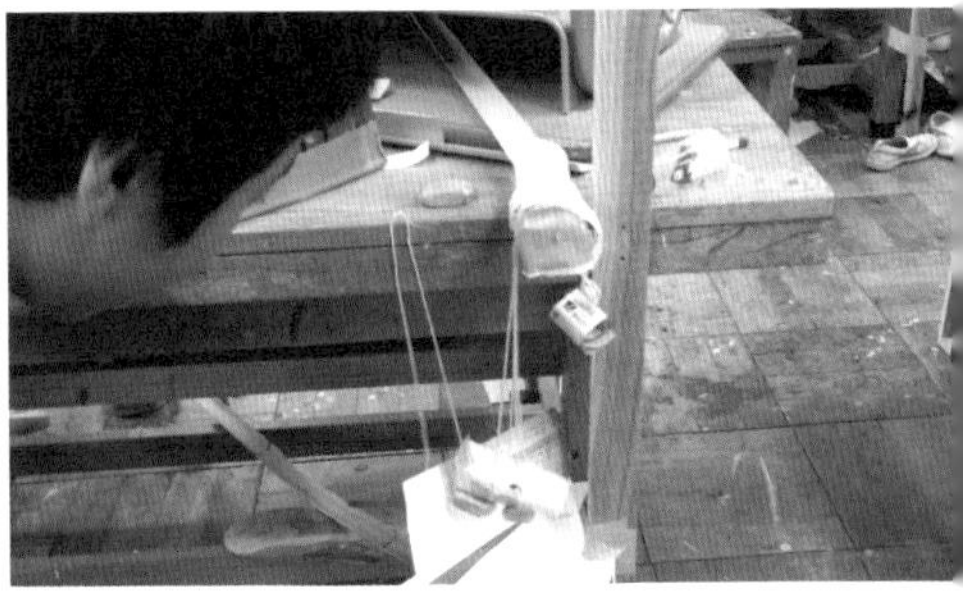

Tさんの、とてもすてきな笑顔には？

右ページでは、一つのグループでの出来事を紹介しています。何度もつくりかえ、エレベータを思いついたTさん。ビー玉の重さとつり合う重さの消しゴムを使って調整をはじめました。一方、同じ班のFくんは、レールから転がってくるビー玉を受け止める箱の調整に夢中です（写真1〜3）。この箱は、Tさんが何度も改良してつくったエレベータにつながっていますが、ビー玉がうまく箱に入ってもエレベータがうまく下りません。そこで、Fくんが調整をはじめました。調整が終わると、

「いいよ、ビー玉転がして！」

「いくよ！」

と声をかけ合います。うまく転がってくると、

「よし！　こいっ！」

と気合いが入ります。みんな、成功するように願っています。レールには、高さ調整のために上履きが差し込まれ、工夫されています。

「あっ、ビー玉がエレベータに入ったよ」

「エレベータが動いた！」

「レールに入った！」

ビー玉は最後のレールを転がってゴールの缶に入り、「カーン」と、音が聞こえました。

子どもたちは「やったー」「やったー」と歓声を上げています。同じ班の友だちも、ビー玉をスタート地点から転がしたり、レールの調整をしたりしていたので、みんなで大喜びです。

Tさんは、自分がつくったエレベータがうまく作動して嬉しそうでしたが、あまりにも喜んでいるFくんの姿に、少し恥ずかしそうでした。活動後、Tさんは、

「みんなで協力してエレベータが成功して嬉しかった。あきらめないでやってよかった」

と話してくれました。このコースを囲んで、自分も友だちも一体となり活動し喜んでいたことがわかります。まさに、友だちとの関わりが生まれている場面です。

安全指導は子どもの喜びを支える

工作用紙が中心となる材料です。カッターやはさみで切ったり、切り込みを入れたりしながらレールをつくっていくので、安全指導はとても重要となります。机上で使うことや、置き場所を決めておくように子どもに指導します。また、カッターは班に一〜二本にし、レールをつなぐために使うホチキスも最小限の数にします。活動の途中で、机の上を整理しながら場所を確保することを提案します。

題材の目標は、ビー玉が転がる楽しいコースを材料の特徴を生かし工夫してつくることです。また、大きな空間になるので、机の形状や空間のよさを生かすことがめあてになります。

限られた材料でつくるビー玉のコースですが、高学年ともなると個々の子どものこだわりが緻密な活動にもつながっていきます。毎週2時間の図画工作の時間では足りませんので、2週間分の図画工作の時間を一日にまとめてつくりきり、遊びの時間も確保します。また、片づけの時間もじっくり取る場合は、1時間目から6時間目まで使った特別な図画工作DAYとすると、じっくり活動する時間を子どもに保証することができます。

友だちと協力し、嬉しさが重なり合う、一人ではできない大きな「すごいビー玉ころころジェットコースター」になりました。

COLUMN 3

学校は、友だちとの関わりが生まれる空間

2020（令和2）年の年明け、怪しげなニュースが飛び込んできました。「新型コロナウイルスが発生している。感染力も強く注意が必要である」ということです。

世界中でたくさんの感染が確認され、都市を封鎖してウイルスを封じ込める対策を取る国もありました。以前にも鳥インフルエンザやサーズなど、感染症の脅威を感じたことがありましたが、日本での感染拡大は回避されていたので、今回の新型コロナウイルスによる感染拡大は学校現場で大きな混乱をきたしています。

学校は3月から休校となり、5月いっぱい子どもと授業を行うことができなくなりました。その間、自宅学習での課題を用意し、子どもの学習状況や健康状態を分散登校やオンラインで確認し、必要な手立てが模索されてきました。

6月に入って学校が再開され、子どもたちの登校がはじまりました。しかし、感染防止のためのガイドラインが示され、日常の学校生活も今まで通りとはいかなくなりました。それでも、学校が再開されれば、子どもは友だちと会うことができ、笑顔が戻り、元気に走り回ります。

授業は感染防止対策を取りながら行うものの、子どもは友だちに近づき、一緒に行動を取ることを求めています。また、子どもたちは表現することを欲していました。乾きにも似ているように感じました。必死につくる姿が心に刺さります。

この「表現する」ということを子どもたちの関わりの姿から捉え直すと、自分の体を通して感じたことを、友だちや周りにいる大人に伝えたいという思いであったのです。一方的に伝えるのではなく、相手の反応から自分を知りたいということです。また、友だちの表現や活動から気づいたことをもとに、自分の中に新しい考えや希望が見えてくるのです。今生きている自分を感じる感覚にも似ています。

図画工作の時間は、子どもが自分の力で考え、つくり、判断し、自分の力でつくりきることができます。さらに友だちとの関わりで多様なよさに気づき、自分自身の活動のよさも価値づけています。価値づけるということは、自分の考えをもち、経験から自分の感覚を働かせ、判断するということです。子どもの経験や感覚は教師が教えられることではありませんが、教師は子どもの経験や感覚を働かせる環境をつくることはできます。

学校は、友だちとの関わりが生まれる空間です。図画工作の時間には多様な表現、考え、価値観が交流します。そこで子どもは成長しています。子どもは体全体の感覚を働かせ、形や色などと関わり、自分の経験をもとに表現しています。学校は、友だちのよさに注目し、友だちの言葉に後押しされ、試行錯誤しながら課題に向かう学びの場なのです。

子どもたちは自分では気づかなかったことも、友だちの活動や作品から刺激を受け、自分の考えに結びつけることをしています。学校空間は友だちとの関わりがもてるようにつくられています。場の位置づけや子どもの動線・安全を確保し、その空間を意味づけています。教師はその空間によりよい学びの環境をつくることができるのです。

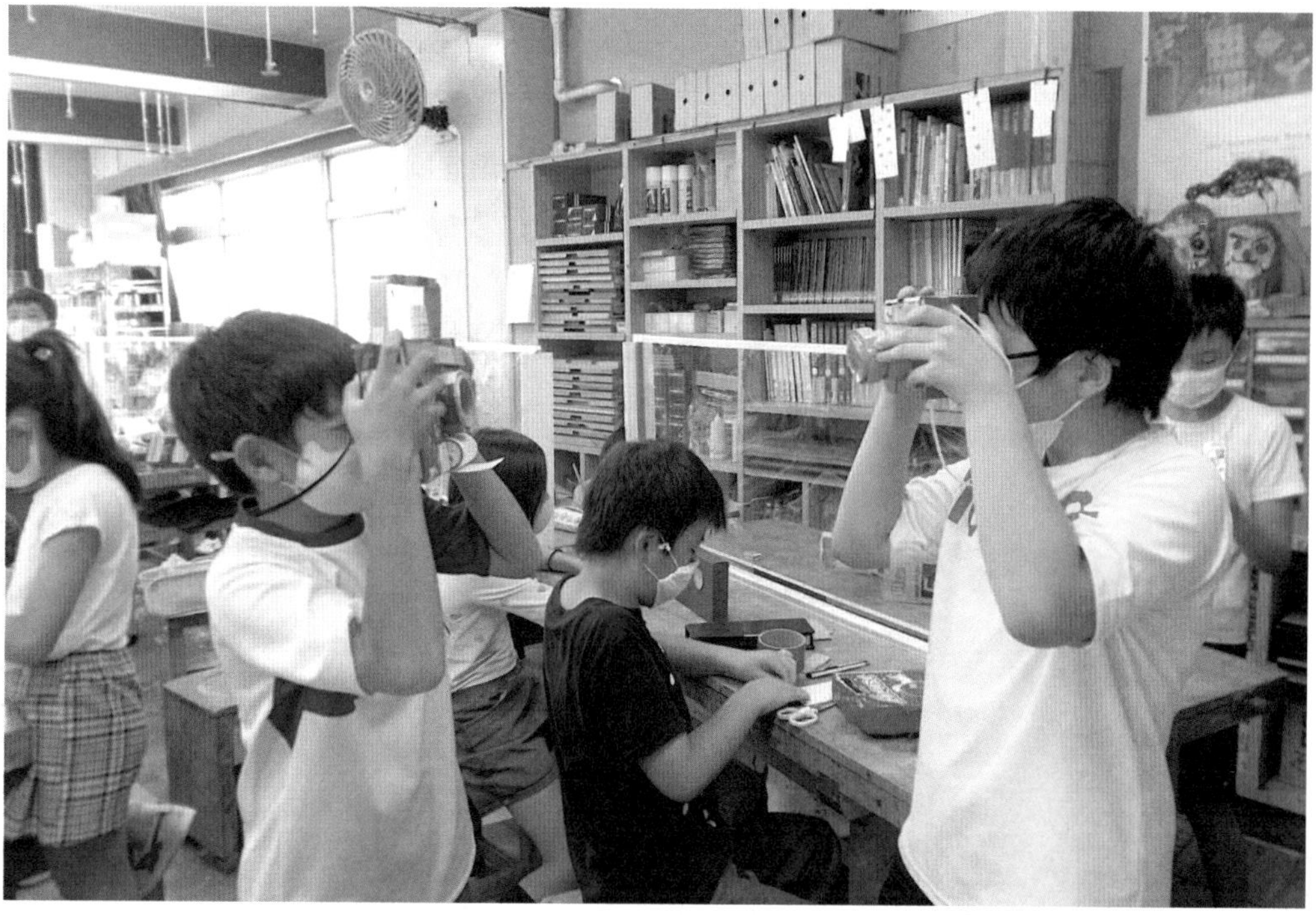

見ること　感じること　表現すること

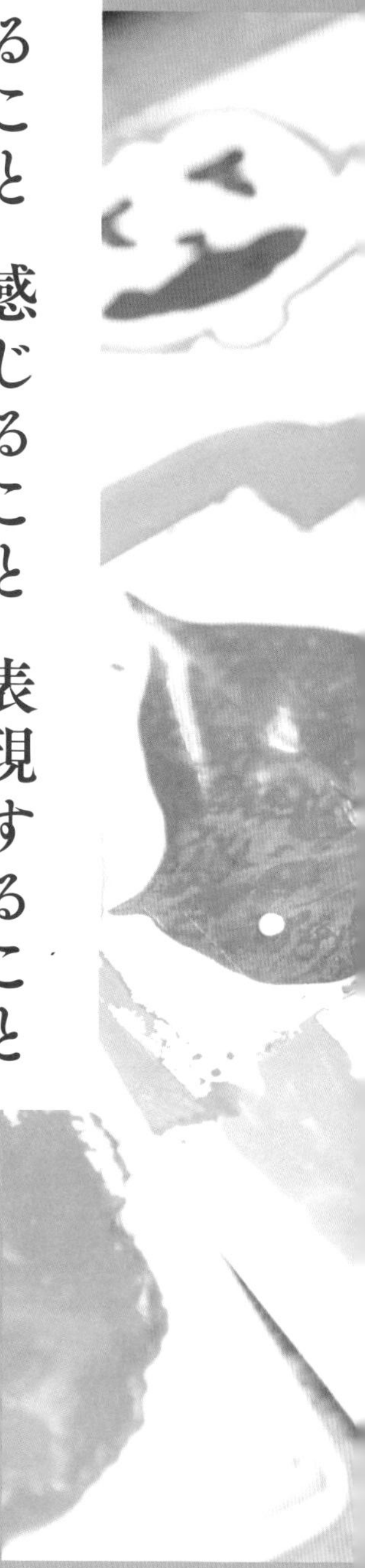

3
CHAPTER

「見ること」で、子ども自身が造形から感じ取ったことをもとに、考え工夫し、子ども自身がつくりだした新しい造形と向き合います。

「見ること」「感じること」は、鑑賞を示しています。表現することと鑑賞することは互いに働き、働きかけ一体となり子どもの学習を構成しています。

「見る」ということには、ものを見る、見ることで感じ取る、見極める、注意深く見る、分析的に見るなど幅広い意味合いが含まれています。

「もっといいものが見たい」という欲求や探究心が働くと人は見ることに集中します。いいものに出会い、感情や思考が動くと、もっと見る目が厳しくなります。気づかないうちに目も成長します。

見ることから、感覚がわくわくする

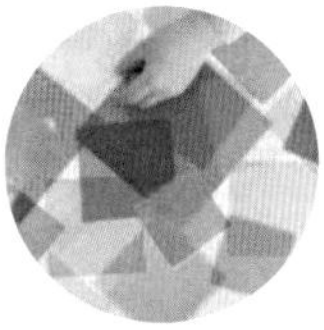

世の中には、たくさんの色があります。自然がつくる色や人工物がつくる色、コンピュータやゲームなどのモニター越しの色など、私たちは様々な色を目にしています。

図画工作では、形や色を見て考え、感じ、色を選び、絵や立体、工作に表したり、造形遊びの活動をしたりしています。また、色は、同じ色でも、材質の違いによって感じも違って見えます。図画工作の時間には、学年に応じた材料を加えながら色の幅を広げていきます。

低学年の子どもが日常的に使う材料には、クレヨン、色鉛筆、絵の具、色紙などがあります。光を透過させるセロハンや透明色紙を手にすると、子どもは顔の前に持っていき、

「わー、夕焼けだー!」

「見て見て、みんな青いよー!」

と、感じたままを言葉にし、大喜びです。自分の一手間で世界が変わって見えるのですから、何度やっても嬉しくなります。

この題材では、透過する材料から生まれる形や色の魅力の発見が続きます。

色とつながる かんじる色かたち ［2年生］

重なりによって変化する色

材料には、透過性のある色紙―透明色紙・カラーセロハン―を使います（以降、この紙を透明色紙と表記します）。

透明色紙は透過性があるので、重ねると新しい色ができます。また、並べたり重ねたりすると形をつくることができます。少しずつずらすと、重なりの部分の形や重ね方によって色も変わっていきます。

本題材の目標は、「透明色紙（カラーセロハン）を机の上に並べたり、重ねたり、組み合わせたりして思いついたことを試し、できた形のよさ、色の変化や面白さを見つけながら造形的な活動に取り組む」です。

透過性があるので、机上には白い板や白模造紙を敷きます。これで、実際の色紙の色と机上に載せたときの色はほぼ同じように見えます。この一手間は重要で、この先の活動に大きく影響します。

「もっといい色が見たい。もっとすてきな色合いを見つけたい」という子どもの欲求に応えるためにも、色そのもののよさを感じることができるような環境設定をすることは大切です。

重なりから生まれる色

既成の大きさの透明色紙をグループに配り、

「どんな色があるかな?」

「机に並べてみよう」

と子どもに投げかけると、ただ順番に並べるのかと思いきや、いろいろな並べ方をはじめます。色が重なっていた順に並べたり、ばらばらにしたものをどのような順番に並べるか考えたり、

透明色紙は9色。たった9色だが、はじめて手にする透明色紙から受ける情報は、「色の感じ」以上のものがある。教師が意図的に、色の感じに注目するような問いかけをすることで、子どもは見ることに集中していく。

一人一人に分けようとしたりします。そのうち、重ねて色数を増やそうとします。色数を増やしながら一列に等間隔で並べ、じっくり見ながら色をつぶやいている子どもがいます。

「どんな色がありますか？」

さらに問いかけると、子どもから、

「ミント色！」

と、色の名前が返ってきました。突然この色名かと驚くと、

「薄いピンク」

と続きます。「薄い」と言うことは比較するピンクがあることがわかります。そこで、

「他にどんなピンクがあるの？」と聞くと、

「オレンジピンク」

「濃いピンク」

と教えてくれます。「黄土色」「茶色」とさらに続きます。

透過性のある色の重なりによる色の変化が楽しく、子どもは発見した色を何とか伝えたいと思っています。

「まっちゃ色」「薄いむらさき」と見つけた色に合う色の名前を考え、次々に教えてくれます。一通り名前をつけ満足すると、色の名前を考えるよりも、動かした透明色紙からつくられる形や色に夢中になります。

とりわけ色に注目している子どもたちは、いろいろな色ができるように並べ方や重ね方の工夫をします。大きさの違う透明色紙を用意しておくと、並べ方や重ね方の幅が広がり、もっと形や色の変化を楽しみながら発想を広げ、工夫を楽しみ、子どもなりの形と色の関係を意味づけていくことができます。

いろいろな色ができるように並べ方
や重ね方を工夫して、子どもなりに
形と色の関係を意味づけていく。

友だちへのまなざし

偶然できた色の重なりから、子どもたちは「これは面白い」「この感じはいい」と思ったことを意図的に何度も試します。そこから色の組合せや色合いを考え、選んで形をつくる工夫をします。

大きさの違う透明色紙を組み合わせることで、「どのようなことができるのか?」「どのような色の感じに見えるのか?」と何度も試して工夫する中で、子どもたちは感覚を働かせながら、形や色に対する見方や感じ方を広げていきます。

友だちと一緒の活動では、自分が手元を動かしているときのような真剣なまなざしを、友だちの手元に向ける姿を見かけることがあります。その手元や色の感じを、まるで自分の手元のように見て、自分の見方で感じ取ったことを友だちに伝えることもあります。自分でもできるのだけど、友だちの活動に関心をもち、積極的なまなざしを向けます。子どもは遊ぶように友だちと相談しながら、自分の考えをもって活動しています。

体全体を使って、発見を積み重ねる

大人でも子どもでも、新しい材料をはじめて扱うときには、どのようなものなのか、そのもの自体を知ろうとします。つるつるした手触り、ぺらぺらの薄さや動き、静電気が起きやすく物にくっつく性質があること、手でちぎることができない材質であること、折り曲げる、丸めるときの感触などを活動しながら感じ取っています。そのような特徴だからできることを経験から探ります。それゆえ、イメージをもちながら何度でも試すことができるという環境が大切です。遊びのようにリラックスして材料と向き合います。手や体全体を使って、発見を積み重ねていきます。

「もっと、面白いことはないかな?」「もっとすてきに見える見方はないのか?」と子どもの探究心は覚醒していきます。見ることで、目や体全体の感覚が突き動かされるように透明色紙を使った見方を試します。

ある子どもは、それまで机上に貼りつけていた透明色紙を手に取り、世界を見るフィルターにしはじめました(59ページ)。視線をあげ、ぺらっと目の前にかざして見ると、たった一枚の透明折り紙で自分自身が世界をつくりかえたような感覚です。たったそれだけのことですが、ほんの少しの遊び心と行為によって「もっと何かができる」という勇気を獲得します。そんなときはそばに寄って、「私にも、見せて」と声をかけ、見せてもらうことで、「この世界か!」と子どもの心の震えを感じ取ります。

透明色紙が平面から立ち上がると、動かして見ることをしはじめます。色や形を変え、どのように見えるのか、見ることを楽しんでいます。積極的に色を変え、形を変えながら、新しい色を発見し、動かすことで変化する色の空間をつくっています。

このように、子どもの活動が変化していくことで、この材料とこの場で起きた出来事が刺激となり、右ページのような新しい出来事が紡ぎ出されていきます。

また、透明色紙を半分に折って立てるという活動では、窓から差し込む太陽光による光の反射で色の見え方が変わり、白い机の天板に光を透過した影の存在によって複雑な造形がつくられています。

見て感じて見つけたみどり

東京スカイツリーにほど近い下町の小学校には、ほとんど土がありません。土は、わずかな花壇や校庭のフェンスの植え込みにあるぐらいです。

しかし、子どもの身の回りには植物があります。登下校の道ばたに、学校の隣の公園に、路地には発泡スチロールの中で栽培された植物があります。わずかな自然です。

日頃、足を止めて見ることもない雑草に目を向けます。葉っぱの形や色を見ることから、この題材ははじまります。

みどりの絵［4年生］

渾身の一枚

本題材では、私たちの周りにある雑草に注目し、見つけた自然の形や色を中心の材料とします。事前に、

「雑草は、花や野菜を育てるときには、その栄養を取ってしまったり、日陰をつくったりするので抜いてしまいます。よく見るといろいろな種類があり、その大きさも形も違います。葉っぱの色だって、私が絵の具を混ぜてつくったことのないような色もあります。花壇や街中で、抜かれてしまう前に注目してください。その中からすてきな『渾身の一枚』をいただいて、この透明粘着シートと画用紙の間に挟んで2週間後の図工の時間までに用意しておきましょう」と提案します。

2週間の間に子どもは、雑草に目を向けるほんのわずかな時間をつくります。

葉っぱを特別なものにする方法

紙は水分を吸収し、透明シートは葉っぱを封印することで劣化を防ぎます。押し花に近い状態で保存できるようにしました。そうしてラミネートされたカードは、子どもにとっていいものに見えるようで、「もう一枚つくりたい。もう一枚ほしい」という子どももいるため、予備のカードを用意しておくとよいでしょう。この「ほしい」と感じるようにすることは、子どもの表現欲求につながるポイントです。

街中の片隅で育っている雑草ですが、子どもが集めたカードが揃うと、いろいろな種類があることに気づきます。また、子ども一人一人がこだわりをもって選んだ葉っぱなので、並べてみると、いろいろな形や色があることにも気づきます。そこで、はじめは机上に白い板か模造紙を敷き、その上に葉っぱのカードを並べて鑑賞します。ここで感じたことは、子どものイメージのもとになります。

カードになっているので、「並べ方を工夫して『葉っぱ美術館』をつくろう」と提案すると、並べ方の根拠について話し合いをはじめました。

葉っぱに注目するしかけ

図画工作の学習では、表現することと鑑賞することを繰り返し行い、イメージを立ち上げます。材料や場所と関わる中で「これがいい！」「こんなことがしたい」と判断し、活動を繰り返しています。

「みどりの絵」は鑑賞する資質・能力が育まれるよう、意図的に自然に働きかける内容にしています。

はじめの「雑草の葉っぱを探す」というところでは、普段注目しない部分に「探す」という課題をもたせることで、葉っぱの形や色に感覚を働かせる仕組みをつくっています。また、導入では、みんなが見つけた葉っぱカードを並べることで、違いや特徴を感じ取り、視覚に刺激を与え、子ども一人一人が「形や色」を価値づける場面になるようにしています。

緑色は使わない

導入の鑑賞でいろいろな葉っぱを見た子どもたちは、形だけでなく色も見比べているので、微妙な違いがあることに気づいています。

「みどりの絵」は、いろいろな緑色を使って絵を描きます。葉っぱの緑だけでなく、絵の具でもいろいろな緑色をつくることに挑戦します。このとき、一つ条件を出します。

「絵の具の緑色と黄緑色は封印します。この二つの色を使わないでいろいろな緑色をつくってみよう」と提案します。

「えー できるかな？」

「できるよ、黄色と青を混ぜたら緑色になるよ！」

少しの抵抗感を加えると、子どもたちは「やってみよう！」

このように並べてみると、形や色の違いがはっきりと見えてくる。「どこで見つけたの？」「この色は少しずつ変わっていくね」「赤ちゃん葉っぱがたくさんあるね」「この色はいい色だ」など、子どもたちは口々につぶやく。

1

1. パレットにはたくさんの緑色がつくられていく。
2.3. Tくんは細くて長い葉っぱを1枚持ってきた。あまりにも長く、画用紙には収まらないので、どうしようか葉っぱを見つめる。適当な長さに切って、絵を描くように輪郭線として使う方法を考えた。
4.5. 自分の葉っぱカードや、友だちの葉っぱカードから感じた色合いや形から、描いてみたいテーマを考え、絵に表していく。

3

2

4

5

「もっと他の色を混ぜてもできるかも」と試していきます。いろいろな緑色ができると楽しくなってきます。できた緑色を微妙に変えてみたくなったり、他の色味を加えてみたくなったりと、さらに意欲がわいてきます。できた色を塗り、色味を見るための小さな画用紙（15×15cm程度）を配布して、つくった緑色を残しておけるようにします。誰もが、自分で思っていたよりたくさんの緑色ができ、満足します。

　それぞれの色に色の感じがわかるように名前をつけてみることを提案すると、色を見ることに集中していきますが、子どもの活動の妨げにならない程度に声をかけるようにします。

学習を支える工夫

　授業が週をまたぐときには、次の週の授業前に製作途中の作品を黒板や壁などに展示しておきます。子どもたちは図工室に入ってくると絵が展示してあるので、何も言わなくても、自然に鑑賞をはじめます。子どもはまず、自分の作品があるか探すので、必ず全員の作品を展示することが大切です。黒板に展示しきれないときは、教室の壁二面にまたがるときもあります。

　自分の作品を見つけた後、全体を見て特徴のある作品や、自分の価値観で「これはいいな」と思う作品に注目します。「気になる作品はありますか？　どのようなところがいいのか教えてください」と問いかけると、数名の手が上がります。説明された言葉を聞きながらその作品を見ると、いろいろな見方に気づき、一人一人がその子なりの発見をしていきます。

　子どもたちは筆だけでなく、スポンジや指、竹串なども使い、工夫して表現しています。筆の使い方も、繊細で微妙な色合いを大切にしようとする姿が見えます。筆の先を使って形をつくる、同じ緑色でも水加減で変化をつける、かすれるように表すなどの工夫は、墨を使った題材のように緑の色味に変化をつけようとしている姿です。毛先が整っている新しい筆を用意しておくと、このような子どもの学習を支えることができます。

　また、緑色ばかり使っていると、別の色が使いたくなる子どももいます。先生が「他の色も使っていいよ」と先回りして言うよりは、子どもが表現する中で「この色を使いたい」と、感覚を働かせて、自分自身で見いだしていくことを大切にします。

みどりと自分の気持ちに折り合いをつけたKくん

『すいれんとカエルのざっそうえん』を表現したKくんは、絵の具を混ぜてたくさんの緑色をつくっていましたが、その色を使って絵を描くことに納得がいかないようです。はじめに画用紙に貼った葉っぱの形から、葉っぱのある風景または自然という発想をもちましたが、いろいろな緑色だけで描くという気持ちにはなれない様子です。そこでKくんは、自然の中にある池をつくりました。緑を使う気持ちになるところまで描き、いよいよ緑の出番だというところで、自分でつくったいろいろな緑色を使い、見つけた葉っぱと同じ雑草を描きました。Kくんが緑色を使って絵を描こうと決断するには、このような画面が必要でした。

　実際は、いろいろな緑色で絵を描くことにすんなりジャンプできる子どもがほとんどでしたが、Kくんは、描きながら自分と相談して緑色へ向かおうとしていたのでした。「みどり」と自分の間での新しい価値づけを模索していたのです。

3

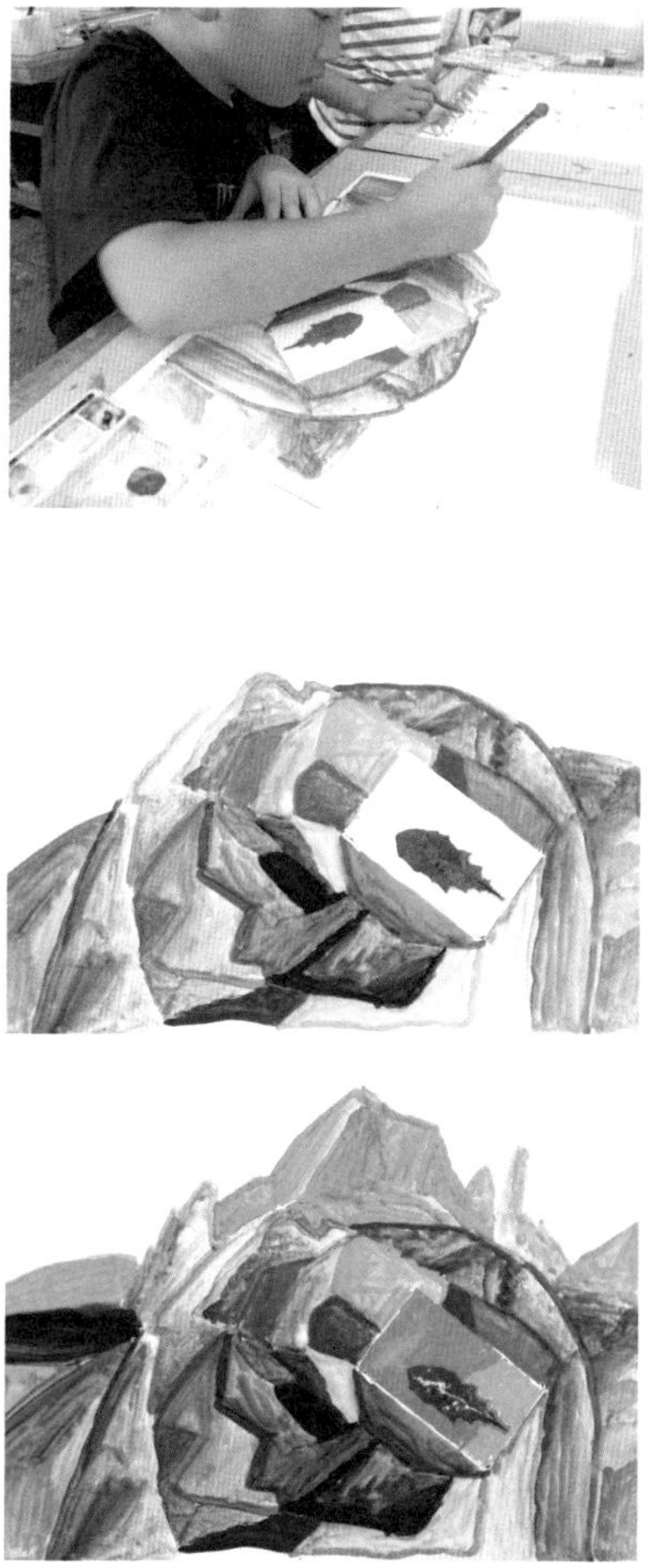

2

1

1.**「すいれんとカエルのざっそうえん」**Kくん　Kくんはパレットにたくさんの緑色をつくっていた。色見本カードにも、それらの色が塗られていた。画用紙の中央に水色が塗られ、その周りにグレーの石が並べられた。続いて、その周りが茶色に塗られた。「一体、いつになったらテーマの緑は使われるのだろうか？」Kくんはやっと決断したように雑草を描きはじめた。
2.**「自ぜんで葉しげった緑山」**Fくん　Fくんは、いつもより積極的にアイデアを展開させ、いろいろな緑色を使って表現を進めていった。一つ一つの色と形を丁寧に構成しているように見える。1枚の葉っぱカードも、ペンを使い、四角い形が画面に一体化となるように表した。とても繊細な表現は、今までのFくんとは違って見えた。
3.**「MIDORIの畑」**Rくん　Rくんは、はじめからイメージをもって描きはじめた。描きたい風景を「みどり」という言葉と結びつけた。色も、いろいろな緑色を使っているが、土は「土のような色」にしたくて、緑に合う色を選んでいる。筆も自由に動かし、力加減の工夫をして、効果的な方法を考え、それを生かした使い方を試みている。

よりよい自分に向かう姿を評価する

このような子どもの姿から、一生懸命表現している子どもには、その子どもなりの流儀があり、テーマをひとまず受け止め、描きながら自分なりの着地点を探っていると考える必要があることに気づきました。緑色以外の色を使っているからだめということではありません。緑色以外の色があることで、緑色を感じる表現があります。「こんな絵を描こう」というテーマをもち、自分と緑の関係をつくりだそうとしている子どもがいます。そのような子どもに気づいたときは、じっくり、なぜこのように表現しているのか見守ることが大切です。周りの子どもが「なんで、他の色を使っているの?」「だめだよ」と声をかけることもあるかもしれませんが、教師は、子どもの様子を見て、その必要性を感じ取り、一生懸命であることを評価することが大切です。テーマなどの話を聞いていない場合もありますので、この見極めも必要です。

子どもは「自分でできる」という気持ちで、よりよい自分に向かって表現し、考えていることを念頭に判断したいです。

イメージの手がかりをつくる

「みどりの絵」では、「見ること」で「感じたこと」をもとにイメージをもち、「表現」していきます。

何もないところから、自分の力だけで考えをもち、イメージを広げていくことには限界があります。自分の身の回りに起きた出来事、人の行為や言葉、身の回りにあるもの、空間、風景などに対し、諸感覚を協応させながら感じ取ることで、気持ちや感情が動きます。本題材は「みどり」という具体的な形や色などがイメージを広げるためのきっかけです。「みどり」を絵にするという、とてつもなく広大な世界へいったん子どもたちは放り出されてしまいます。しかし、目の前には具体的な葉っぱがあり、形と色が子どもへ道先を示しています。

一人一人の発想は、「みどり」という出発点から「みどり」と自分の考えに折り合いをつけ、表現に向かっていきます。

- 「みどり」なんだから、みどりに関係することで描こうという発想をもつ。自然、草原、山などをイメージし描いている。
- 画面に葉っぱをどのように置くか動かしているうちに描きたい形が見えてきたので、そこからイメージをもち描く。いろいろな緑色の色合いを工夫しつくり、楽しんでいる。
- いろいろな緑色ができたので、全部使って表現することの面白さに気づき、そこからテーマを決めイメージを広げる。
- いろいろな緑色を組み合わせることでできる色合いのよさを見つけ、積んでみたり、並べてみたりしながら感覚を働かせ具体的なものに限らず模様のような方法や構想をもって描く。

図画工作の時間は共有の体験をしながら、一人一人の子どもは自分の手や体全体の感覚を働かせ、想像力を広げ活動しています。一人一人が投じた活動の波紋はじわじわと広がり、重なり、交差し、新たな波紋を生み出します。友だちの活動からも発見し、主体的な自分自身の発想につなげています。

感覚と感覚がつながり、響き合う

私たちは「音」に囲まれて生活しています。人によって、その聞こえ方にも差があります。聞こうとする意識をもつことで、聞こえていなかった音が聞こえることもあります。聞き分けて、聞かない選択をしていることもあります。

「音」には、ものとしての形はありませんが、イメージをもつことはできます。感じることでイメージにつながります。音自体は、聞こえたその後は消えてしまいますが、意識的に聞いた音は記憶に残ります。そして、造形活動の媒体となる形や色、質感などを通じて表現すれば、そのイメージを他者に伝えることができます。

「音楽」は、音の重なりやつながり、組合せ、リズムなどの要素を織り混ぜながら表現されていきます。記憶には残りますが、形にはならないので見ることができません。しかし、音楽の流れや時間から物語を感じたり、映像を想像したりすることがあります。

そのような「音」自体がもつ要素に注目し、本題材でのイメージのもとにしました。

音の色・音の形 形と色の響き合い ［6年生］

全員が共有している「音」

本校では学芸的行事として、音楽会、学芸会、展覧会を3年サイクルで行っています。この題材は、音楽会の年に行った実践です。発表に向けて、どの学年も練習に力が入っているので、子ども全員が共有している演奏の「音」をテーマにしました。

授業に向けて、まず子どもたちが音楽会に向けて練習している演奏をビデオ撮影しました。この映像を図工室のモニターで見せると、子どもはうっすらと見える画像と、はっきり聞き取ることができる音から、これが自分たちの演奏であることをすぐに理解したようでした（ちなみに演奏した曲は「カノン」（パッフェルベル作曲）の笛の演奏と、「木星」（ホルスト作曲）の合奏）。実際に演奏する姿を録画しているので、子どもたちは自らの姿を見て、自らの音を聞いています。

音楽室での子どもの姿は、図工室で見せる姿とは違ってたくましく見え、演奏を聞いていると心が揺さぶられます。演奏を完成させるために、自分の音だけでなく友だちの音も聞き、息を合わせている呼吸も感じられます。みんなが大切にしている音楽がそこにはありました。

自分たちの演奏から選んだ「大切な音」をどのように表すか、子どもは悩みます。

音自体には形も色もないのだから、音を感じることからしか発想は生まれません。子どもは演奏しているので、演奏全体の中での「音」の意味合いも含め考えています。

1.2. 子どもたちが演奏している様子を撮影し、モニターに映して見せた。3.4.**「楽器のいろいろな音の高さや低さ」（木星）**Mさん　「リコーダーの音や、アコーディオンの音やピアノの音の高さや低さを表しました。一つ一つの音がいろいろな方向から流れていて、交わって一つの音楽になる」とMさんは説明する。曲全体の曲想のイメージを何度も音として頭の中に流した上で、演奏している自分の位置もイメージし、線の方向や線の形や色で表現している。様々な感覚を行き来させている。

表現を支える支持体

本題材では、キャンバスボードを使っています。画用紙に比べて高価ですが、絵の具、コンテパステル、色鉛筆などを使って質感をつくる、凸凹に仕上げるなどに耐えられる丈夫な素材です。水分で波打つこともなく、高学年の繊細な表現にも対応できます。

支持体の大きさは、イメージの広がりや構成にも影響があるので、B4サイズを中心に三種類用意し、子どもは自分のイメージに合う大きさを選びます。裏面には、演奏する曲の中から選んだ「大切な音」がどのような音であるのか言葉で記述します。言葉にすることで、それが子どもに概念として残り、言葉を説明するような表現になってしまうという懸念がありますが、本題材でテーマにするのは子どもが音楽会に向けて何度も練習している曲です。自分が奏でる大切な音がどのような音であるのか、すでに子どもは体で振動を感じ、記憶しています。演奏中は友だちの音に身体が包まれ、自分の内側から、外側から音を捉えています。つまり、子どもが示した言葉は、奏でる音であり、演奏から聞こえている音をイメージしています。言葉にすることで、これから表現する造形と音がいつもつながるように意識づけています。

この題材のねらいは、行為やテクニックが先行した作品をつくることではありません。「大切な音」から得た発想をもとに、構想を練り、最後まで「大切な音」を大切にしたまま、形や色などで表現することをねらいとしています。演奏している子どもが大切にしていることを、音を通してイメージし、造形表現しながら価値づけているのです。

音のないところを表現したいと言ったLくん

左ページの作品『木星に入るときの休みの瞬間』を表現したLくんは、私に「僕は、音のないところを表現したい。だから白のままでいいと思う」と提案しました。

「なるほど、あの場面はみんな緊張する場面だよね。次の音を出すためには、あの音のないところが大切なの、よくわかります。でも、曲の中で音がないというのは、前の音とその後の音があったからそう感じることができるのでは？」と感じたことを話しました。その言葉からLくんは考え、自分なりの構想に達したようです。

私はLくんが作品を仕上げるまで、他の子どもの活動に応えていましたが、次に対面したとき、Lくんは作品を手に、自信に満ちた姿で説明してくれました。

「みんなの音が合わさっている。突然音がなくなってその間に次の音を準備する。そして、みんなで一緒に音をつくり木星のサビのメロディーがスタートする」

Lくんはこの流れの特徴を、形と色で表現しようと決断しました。前段の何度も繰り返し重なり合う音、緊張感のある空白、呼吸を揃えてつくる自信に満ちた音の重なり。まさに、曲想が変わる瞬間を描ききりました。

色で「響き」を表現したKくん

左ページの作品『最初のドという響きわたる音』を表現したKくんは、最初の「ド」という音に注目しています。全員が呼吸を合わせて同じ音を出します。種類の違う楽器を演奏している子どもが一斉に聞く人を引きつける音です。音量の動きやその音を支える色の組合せは、Kくんの説明のように見る人を引きつけています。

また、Kくんはもっと響いている感じを出すために、質感を変えることを思いつきます。木工用ボンドを表面に塗ってつやをつくりました。同じ黄色でも周りの色の質感と変えることで、どのような効果が出るのか予測して活動しています。

「音」の響きをイメージのもとにし、「色」の響きという表現の価値づけをしています。視覚と聴覚などの感覚を協応させた表現です。

子どもの演奏をテーマにする意味

音楽を聞いて感じたことや伝えたいことを絵に表す題材はたくさんの方が実践されています。その実践で使われている音楽はプロの演奏であることがほとんどです。

Lくんのように深く音楽を感じ取り、それを造形で表現するに至ったのは、自分やクラスの友だちみんなで演奏した経験につながっています。音楽の時間に担当の先生とともにつくりだした活動、実際の音色の違い、リズム、音量、曲想、調和など、この「木星」という曲には、一人一人が感じ取っている価値が備わっていたのです。

子どもたちは、感性を働かせながら音楽から感じ取ったことをもとに発想や構想をし、感性を働かせてイメージをもち、形や色、質感などで表現しています。造形的な感覚を働かせることで、より深く感性が揺さぶられ、造形的な資質・能力が育まれていると考えています。

「木星に入る時の休みの瞬間」（木星）Ｌくん　「今まで続いてきた音が終わって、そこの休みで、一気になんかこう、ガッときて、一気に音が出てくる瞬間。そこが一番、木星で大事だと思った」とＬくんは説明する。演奏するときの緊張感と、みんなが一体となり呼吸を合わせて、はじめの音をつくる瞬間を描いている。

「いろいろな色が混ざり合って、重なって、ときにはやわらかく、ときには響くように」（カノン）Ｏさん　「竹串を使ったり、筆の先の方を使ったり、細い線を描き、その上からみんなの色を入れて、響き合いを表現した」とＯさんは説明する。コンテパステルでみんなの音が調和するように色合いを調節している。

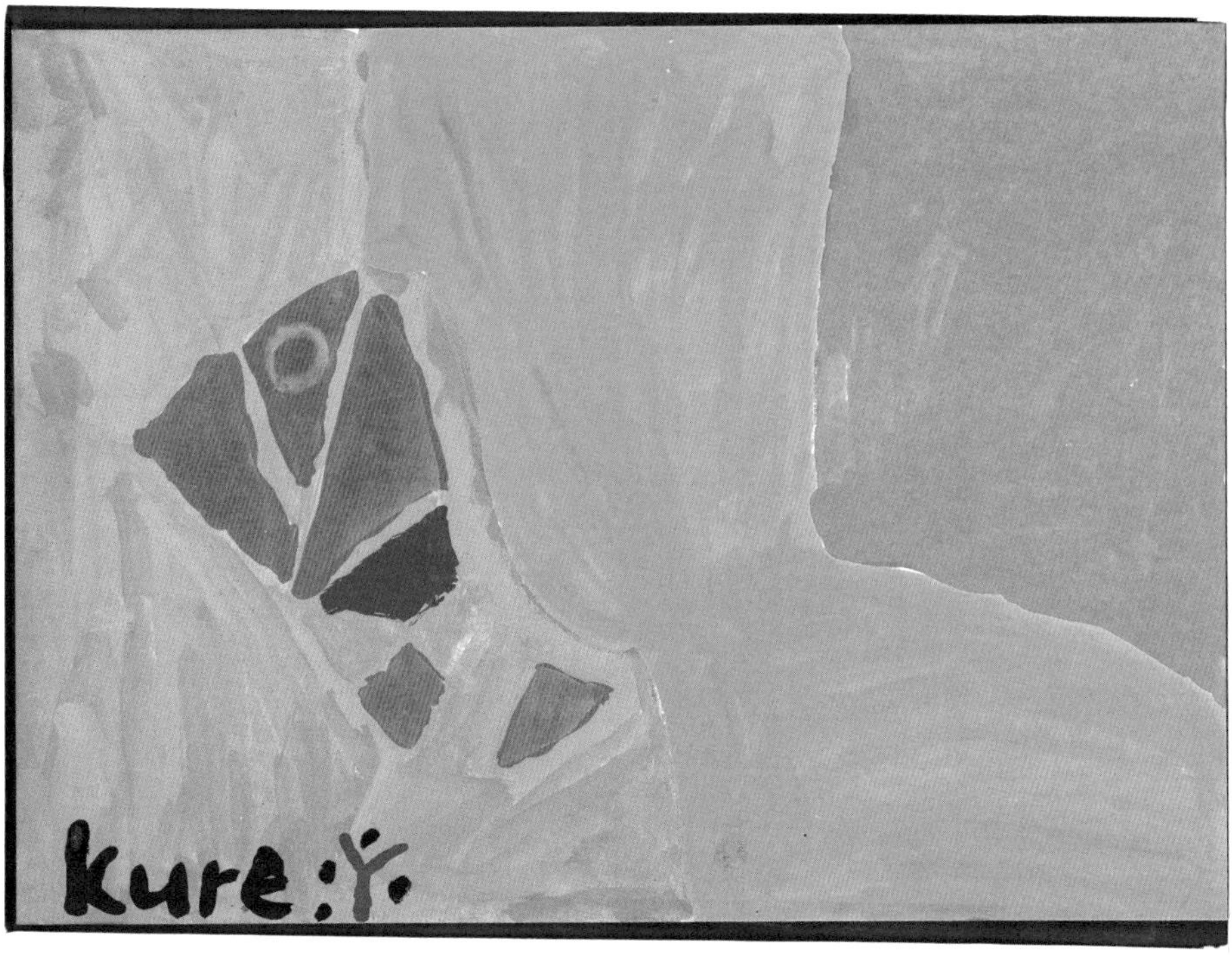

「最初のドという響きわたる音」（木星）Ｋくん　「ドという響きをわかりやすくするために、黄色いところにつやを出した。つやを出した方が響いてよかった」とＫくんは感想を伝えた。とても大胆に音を色と面で構成している。音を響かせることと、色を響かせることを自分なりに意味づけている。

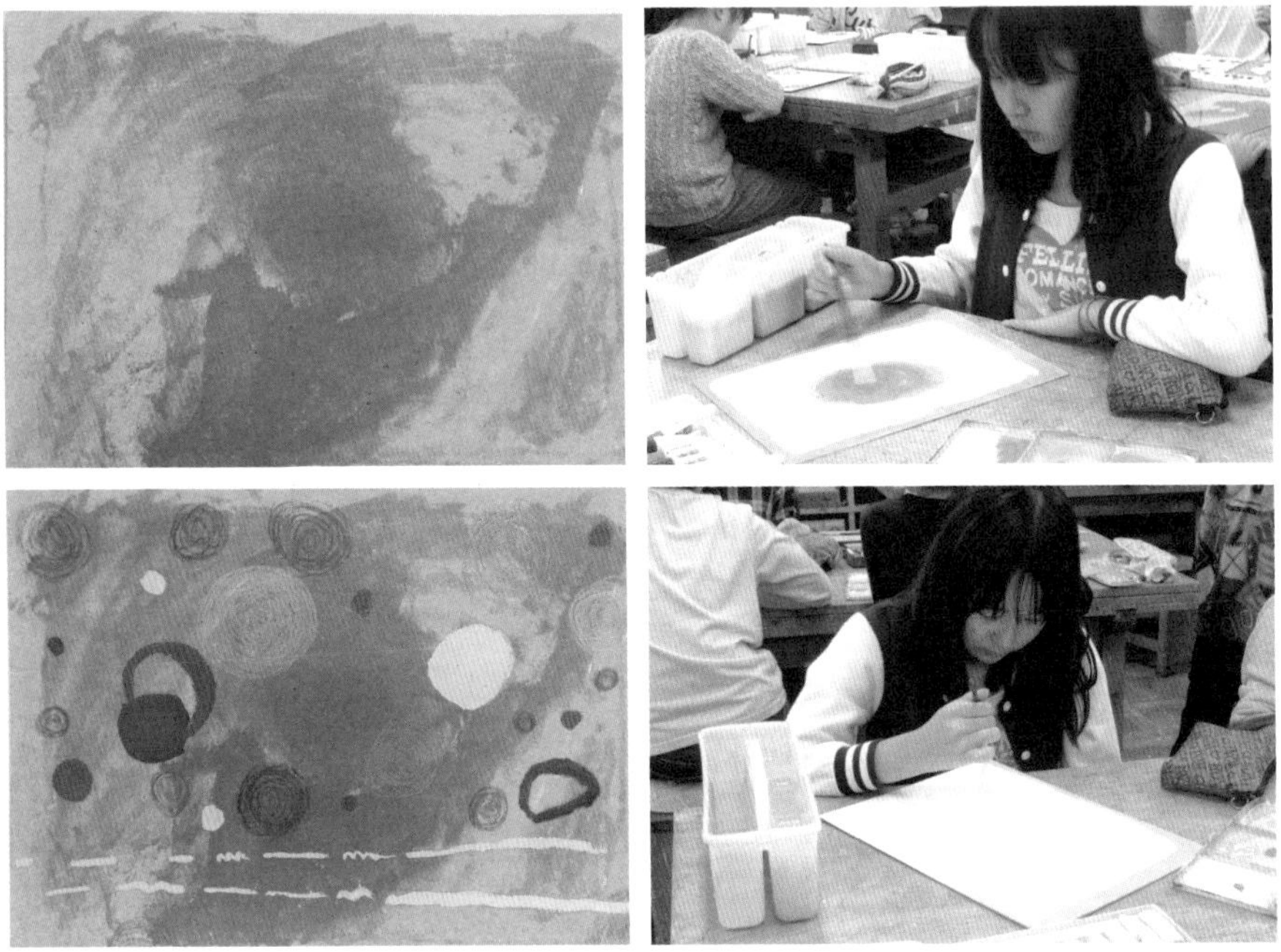

「きれいにひびく音」（カノン） Tさん　「円の中をぐるぐる塗ったり、中を塗らなかったりしました」とTさん。何度も繰り返すフレーズを体の中に響かせながら、中央に描いた円に水色を染み込ませていた。

なかなかイメージをもてなかったTさん

「大切な音」と造形が結びつくには、時間がたくさん必要な子どももいます。上の作品『きれいにひびく音』を表現したTさんは、「カノン」の曲のイメージを表す色を水色に決めました。

まず、キャンバスボードの形に添うように、水色の絵の具で枠をつくります。まだイメージはもてない様子ですが、笛の音色や曲の感じから、色の判断をしています。中央に円を描き、何度も色を染み込ませています。カノンの主題の繰り返しを追いかけるように筆を動かしています。なかなか突破口が見つからない様子ですが、とても丁寧に筆を当てていることがわかります。「どうしたらいいの？」「次に何をしよう？」とTさんは葛藤しています。その葛藤の痕跡が、絵に見事に残っています。音をリフレインさせながら形を探っている子どもの真剣な時間がそこにありました。

1週間後、リラックスしたのか、Tさんはこの繰り返しのメロディーにたくさんの音が浮遊するように描いていきました。軽やかな気持ちと葛藤した色が重なって聞こえてくる「カノン」は、Tさんがつくりだした唯一無二の「カノン」です。

造形活動が育む二つの側面

子どもたちは、はじめは悩んでいました。私は、時間がかかっても自分で考えることが大切だという思いで子どもに向き合っています。

「大切な音」には、演奏する子どもがもっている音としてのイメージがあります。例えば前ページ右上の作品を表現したOさんは、カノンの繰り返す音のつながりをイメージして表現しはじめています。造形的な画面の構成にも気を配り、音が広がるように左下の角から描いています。音のイメージと造形的な形や色のバランスを「響かせる」というキーワードでより美しいものに向かって表現を進めています。描きながら、もっとすてきな音にするための考えを目に見える造形で完成させました。

造形活動には、材料や用具を使って行為を繰り返したり、まずはやってみて、そこから発見したよさや面白さから「こんなことができる!」「やってみよう!」と思いのままに発想や構想を繰り返し、体全体の感覚を働かせて表現する側面があります。それが思ってもみなかったような活動に展開し、子どもは新しい表現の可能性を切り開いていく醍醐味を味わいながら活動します。そのような活動から、造形的な資質・能力が育まれます。

また、造形活動には自分の表現したいイメージがあり、それを実現させるために発想や構想を繰り返し、表現を模索し、形や色などでつくりだす側面もあります。子どもは「大切な音」として聞こえてくる音のイメージをもとに、経験を生かしながら考え、発想や構想を繰り返し形や色などに表すことで、ときにはイメージすらも更新し活動します。そのような活動からも、子どもの造形的な資質・能力は育まれていきます。

77ページの作品『いろいろな色が混ざり合って、重なって、ときにはやわらかく、ときには響くように』を表したOさんの活動には、後者の側面が強く見られました。「大切な音」のイメージをどのように表すか、構想しながら描きはじめていますが、画面にできてくる色合いなどの感じを、感性を働かせて感じ取り、方法を試し、決断しています。これまでに経験したことから、描き方の方法を考えています。また、「もっと調和するような音にしたい」という思いと、コンテパステルの効果を想像し、自分なりの意味合いを見つけ表現しています。

本題材ではOさんのように、じっくり考える姿が多く見られました。それゆえ、子どもは悩み、一見活動が停滞しているように感じる場合もありますが、教師は子どもが乗り越えるための手立てを探るまなざしをもち、待つという姿勢が大切です。

子どもの発想や構想を助ける手立て

子どもが乗り越えるための手立てとして、再度音楽を流すと気持ちを和らげる効果があったり、友だちの作品からよさを見つける鑑賞の時間をもったりすることが考えられます。Hさんは、はじめに演奏をモニターで流したときも、実際に演奏しているときも、とても熱心に音を感じている様子がわかりました。(75ページ写真2)笛の運指をしながら、音楽に合わせてリズムを取りながら聞いていました。「大切な音」のイメージはありますが、形や色などで表現することへの抵抗を感じたようです。混乱した面持ちで「どうしたらいいのか?」と質問してきました。言葉で伝えることのできるHさんは、納得いくまで質問を投げかけてきました。ところが、それを聞いていた周りの子どもも混乱しはじめてきたので、言葉が邪魔になっている感じを受け、感覚で考えるように提案しました。

「その音に合う色を、まずは使ってみよう」

図画工作のよさは、色を使うとそこから感性が働き、感じ取ることで次の展開を想像できることです。

また、タイミングを見て途中で他の子どもの作品を見る時間を取りました。そこで友だちがやろうとしていることを聞き、Hさんは自分の活動の方向を見いだしました。

COLUMN 4

自分の感覚が嬉しくなること

本章で紹介した実践では、「見ること」を子どもたちに提案しています。

「色とつながる かんじる色かたち」では、子どもたちは透過性のある色に触れ、重なりによってできる色を発見し、色の組合せや形をつくりながら、「見ること」で感じ取り、発想を広げ、イメージをもって活動を繰り返します。

「見ること」で子どもの感性が揺さぶられ、「きれいだ」「もっと違う色をつくろう」と「感じること」で「もっとやってみたい」「今度は違う色でつくりたい」と表現への意欲がわいてきます。何度でも試し、面白さを発見し、つくり、つくりかえ、つくる形や色ができる喜びを味わい、表現することを続けます。

『みどりの絵』では、雑草の葉っぱを探すところから「見ること」がはじまります。子ども自身が見つけた葉っぱや、友だちが見つけた葉っぱの形や色がきっかけとなり、「みどりの絵」を描きます。いろいろな緑色の微妙な違いや、葉っぱの形と色などを捉え、感じ取り、イメージをもって表現します。

この題材で大切にしている「見ること」は、普段足を止めて見ることのない路地や花壇、公園の木の根元などに目を向ける共有の体験です。見るという行為は、それを意識したとき、または心に響いたとき、確かに「見ること」が「感じること」につながります。

『音の色・音の形 形と色の響き合い』では、子どもたち自身が演奏した曲から「大切な音」を形や色などに表します。その「大切な音」を見ることはできませんが、子どもたちはどのような音であるのかイメージをもっています。そのイメージを形や色などで表現することで、見ることができます。感覚を働かせ形や色にしたことでもっとすてきなイメージにつながり、「大切な音」についてさらに考えを深めます。聞いて感じたことと、見ることで感じたことがつながったことで、音として表現された演奏と、造形として表現された活動や作品が、子どもの中でつながりました。

　子どもたちは、手や体全体の感覚を働かせ、身の回りにある世界に向き合いながら造形活動を行っています。図画工作の学習には、材料や用具、空間などが用意されます。テーマに基づき、子どもたちは自分の手や体全体の感覚を使って「それがどういうものなのか?」「そこからどのようなことができるのか?」「何をつくりたいのか?」を考え、発想を広げていきます。子どもは「どのように表現しようか?」「つくり方は?」と構想し、工夫して表現していきます。

　子ども一人一人が導き出す活動の道筋は違います。形や色などで表現するには、視覚だけではなく諸感覚を協応させながら手がかりを探っていきます。粘土を触った感触、木片を削ったときの香り、のこぎりで木を切ったときの音や手応えなども子どもは見て考え、感じ取ったことと一緒に記憶していきます。

　見るということは、ものを見る、見ることから感じ取る、ものの見方、見極める、見ることで世界がつながる、と幅広く捉えることができます。表現することで、「見ること」が、その子どもそのものになっていきます。

- 表現することで、ものをよく見ます。
- 表現することで、自分の見方に気づきます。
- 表現することで、そのものを感じ取り、視覚だけでなく様々な感覚がつながります。
- 表現することでもっと深く考え、造形とつながります。
- 表現することで、子ども同士がお互いに見合い、よさや面白さに気づくと、自分の表現に生かすことができます。
- 表現することで、新しい世界を生み出します。

そんな世界を生み出す自分に、子どもは期待しています。

「見ること」は視覚を働かせ、目で見たことだけを指すようですが、「人間の感覚は一つの感覚だけ切り取って働かせるということは、なかなかできるものではない」と子どもたちは教えてくれています。

　子どもたちはまず、今まで経験してきたことをもとに考え、見たこととつなぎ合わせて判断しようとします。しかし、そこに自分以外の、友だちの見たことが言葉や造形で入り込みます。私の提案も影響します。それらの刺激を受け、さらに見ると、思いもよらないような見方ができることに気づきます。「感じたこと」をもとに、絵や立体に表したり、活動したりすると、新しい形や色などが目の前に現れます。さらに見ることに集中すると、新たなイメージにつながり、また表現につながっていきます。

　このとき、感じた自分の感覚が嬉しくなると、「もっと見たい」「もっとつくりたい」と気持ちが前のめりになっていきます。ここで形成される子どもの流儀のようなものを大切に見守りたいです。

　そこに、子どもの成長の核となる秘密があるのだと、子どもの夢中になる姿から感じます。

自分で考えて 自分で決めて 自分でつくりきる

4
CHAPTER

「空を飛べたら楽しいな」と子どもが思いつきました。自分で用意していた毛糸を使って飛ばしてみたら、とっても楽しくなって、何度も何度も揺らしていました。

自分で考えたことが「これでいいのだ」と思えた瞬間です。

図画工作科は、題材を子どもたちと共有して、そこから一人一人が自分のイメージをもち、感じたことから考え工夫し、自分の力でつくりきることができる教科です。

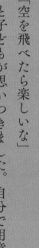

見つける楽しさ　支え合う嬉しさ　発見した隙間から考える

教師は一人ではなく、「子どもにとってよりよい授業をしたい」という同じ目標をもった仲間がいます。所属する地域ごとに研究会があり、教師としてより豊かに成長できるように研究が行われています。教師には、このような研究会を通した主体的な学びの場があるのです。先輩教師は、自身の経験してきたことから具体的な指導方法や指導のコツのようなものを伝授します。また、ベテラン教師は若い教師の率直な考えや相談から、当たり前のように思えてきたことを掘り下げ、考えるきっかけをもらいます。

私が所属する墨田区図画工作研究会では、教科性を踏まえた題材研究、児童の活動や姿を根拠にした授業の改善を推進しています。研究授業を予定している新採2年目のO先生が「隙間テープ」を手にしてこのような提案をしました。

「この隙間テープと図工室の空間を使って、題材を考えてみたいと思っています。このテープは100円均一ショップでも購入でき、手頃な価格で手に入れることができます」

その場にいた仲間は、すかさずスマホで隙間テープを検索しはじめました。

「あっ、色も複数あるし、幅のサイズもいろいろあるよ！」

と、材料としての可能性が示されました。

さて、この材料でどのような活動ができるのか、子どもの資質・能力を育む視点から協議がはじまりました。

この隙間テープが示されたことで、私も題材を考えたくなりました。

低学年の題材「すきまくんのお気に入り」は、隙間という日頃意識しない空間を見たり発見したりすることからイメージをもって活動し、発想を広げます。子どもたちは、表現しながら隙間に目を向け、その面白さやよさを、つくりながら味わいます。

すきまくんのお気に入り、見つけてね！〔2年生〕

子どもたちが図工室に来る前、すきまくんをいろいろな視点で探すことができるように、教師自身が図工室にある隙間を探しておきます。へこんだところにできた隙間、でっぱりの上にできた隙間、物と物の間にある隙間など、高さの違いを加味して、教師が隙間テープでつくった小さな人形の「すきまくん」を設置していきます。授業がはじまると、

「図工室のどこかに、すきまくんが隠れているよ。どこにいるのかな？」

と問いかけます。すると、

「あっ、いたよ。みんな、ここだよ」

と子どもたちが隙間に集まります。

「ここにも、いるよ」「えっ、どこどこ？」と、子どもたちが移動していきます。

このようなことをきっかけにして、子どもは一気にすきまくんと隙間に親近感をもち、自分でもつくりたい気持ちになります。

見えてくる小さな空間

事前に、数種類の隙間テープと、いろいろな色の紙モールを10cmほどに切っておきます。これらの材料を使って、「すきまくん」をつくります。このすきまくんは、自分の目を隙間に向けるための、自分の分身のようなものです。小さなすきまくんは子どもたちにとって、これから隙間の世界を冒険するための仲間であり、自分の手で生み出したかわいい存在です。

「すきまくんの目で隙間を見つけて、その場所をすきまくんにとって楽しいお気に入りの場所にしよう」

というめあてを子どもたちに提案しました。

人間の目は、映るもの全てを認識しているわけではなく、見るという意識をもたないと多くを見逃しているものです。全てが見えてくると意識が散漫になり、思考に集中できないので、生きていく中で取捨選択する力を身につけているのです。つまり、何を見て何を見ないのかは人によって違います。

この題材では、普段見ないでいる隙間に注目します。隙間というのは、周りに物があることでできる小さな空間です。日頃、私たちは周りにある物に注目しているので、この小さな空間は見ないでいるのです。

すきまくんはかわいい存在であるだけでなく、小さな空間を見るための、ものさしのような役割をします。

すきまくんを通して、心地よさを感じる

子どもたちは、自分でつくったすきまくんと一緒に、隙間を探します。探すという行為は子どもにとって魅力的な活動です。

1

1. 選んだ隙間テープと紙モールを使ってすきまくんをつくる。色紙やペンで顔を描いたり、すきまくんのためにアイテムを装備させたりする。子どもたちはいくつもつくりたくなるようで、「もう一人つくりたい」と希望するため、材料を多めに用意しておく。
2.「すきまマンション」版画の下敷きを重ねると、こんな隙間ができる。その小さな空間にぴったり入るすきまくんに大満足だ。友だちも共感し、集まってきた。本当にマンションのようだ。1階、2階、3階……住人が増えて楽しい活動に展開した。
3. すっきりと机の中を片づけ、すきまくんのための楽しい遊び場につくりかえた。すきまくんにとっては、とっても広く感じられる居心地のよい場所だ。
4. 崩れてきそうなカッターマットを支えるように、すきまくんの腕を上げているように設置している。すきまくんがいることで、その場に情景的な意味合いが見えてくる。
5. こんなところにも隙間がある。子どもは、どのような隙間か確かめるようにすきまくんを滑り込ませた。もちろん、寝そべるようにしてやっと入る薄っぺらい空間だ。「わー、入った。こんなところにも隙間見つけたよ。いいね」子どもの声の大きさは、すきまくんに合わせて、つぶやくような声で話している。
6. すきまくんをのせた、ゆらゆら揺れる橋の上の気持ちよさを友だちと一緒に味わうように寝転がる。一緒にゆらゆらつながるすきまくんを見ていると、子どもたちはすきまくんのような気持ちになる。

4　2
5　3

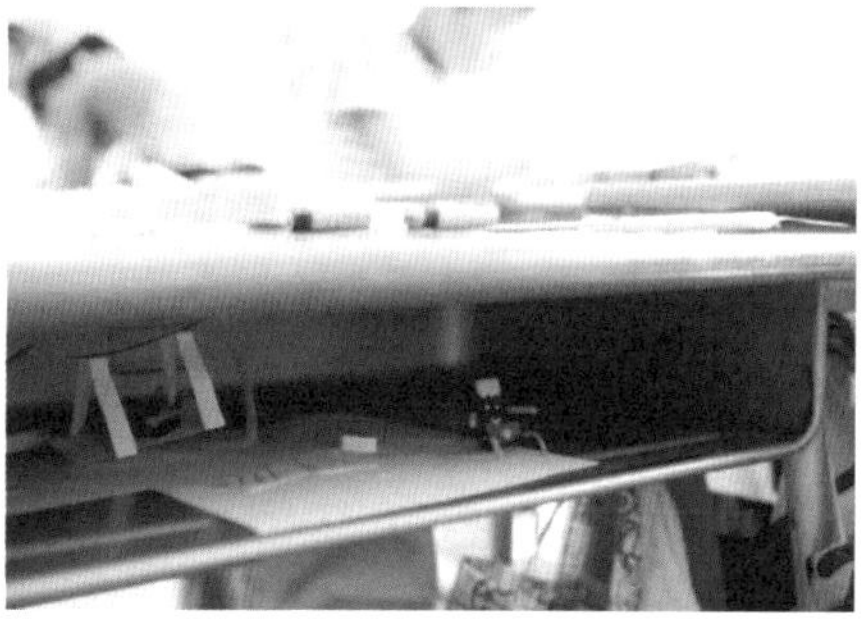

6

しかも、かわいいすきまくんと一緒なのですから、自分もすきまくんになった気持ちで、自分の視線をすきまくんの目と一体化させて探します。見つけた隙間には、すきまくんを入れてみたり、置いてみたりしながら、その隙間を探っています。

すきまくんがすーっと入ると、とても嬉しそうな笑顔になります。この感じは何なのでしょうか？　私も子どもと同じようにすきまくんをつくり、実際に試してみると、すーっと入ったとき、すきまくんを通して自分の体も隙間に入ったように、その隙間の心地よさを考えていました。

「なるほど、楽しい！」

「もっと見つけてみたい！」

という気持ちになります。

自分の発想から空間を価値づけ、つくる

子どもは、現実と空想（ファンタジー）の世界を行き来する力で、隙間の世界にイメージを広げ、自分の気持ちを移入していきます。すきまくんと一緒に、隙間という小さな空間がお気に入りの場所になるように、つくることを楽しみます。

「どのような場所にしようか？」

と、隙間の形態の特徴を感じ取り、思いついた活動をはじめます。すきまくんはこの隙間の特徴を感じ取るためのツールでもあるので、とても重要な存在です。

すきまくんの目と子どもの目は、一体化しています。自分では入ることのできない小さな隙間に、すきまくんが入ることで、その空間の特徴を捉えています。自分の経験から捉えているのです。家と家の間にできた狭い空間を通り抜けた経験、布団に潜り込んだ気持ちよさ、押し入れの中の物と物の間に入った経験、避難訓練で避難した机の下の窮屈な空間など、自分自身の経験と結びつけ、世界を広げています。

このように、経験したことを結びつけて想像する姿から、子どもの成長を感じます。それは、これまでに読んだ本の物語、運動した体の動き、テレビで見た場面、山登りで倒木の下をくぐり抜けた経験、プールで水中に潜り空を見上げた経験、これまでに学習してきたことなど、いろいろあります。子どもは図画工作の活動とこれまでに経験したことをつなげて考え、新しい世界をつくりあげています。

使える材料はいつでも用意しておく

これまでに使ってきた材料を、子どもたちは使いたい材料として思いつきます。それを使って、どのように表すか構想しながら使いたい用具も考えます。そこで教師は、思いついたものはいつでも使えるように、色紙、画用紙、カラーペン、セロハンテープ、用途に合った接着剤などを用意しておきます。

「あっ、そうだ。ここからここにつなげて道をつくって、友だちのところへ遊びに行こう」

など活動が展開するとき、使いたい材料があることで安心し、どんどんつくることができます。

子どもたちが使いたくなる材料や用具は、これまでの経験をもとに考え準備できますが、活動の様子を見てその幅を広げることも大切です。

例えば、ひもや綿、ペットボトルのキャップなどを使いたい材料として要求されることがあります。そういった子どもの身の回りにある材料や、いつでも使うことができる環境を用意しておくようにします。

つくりきり、友だちと一緒に嬉しさをわかち合う

見つけた隙間からイメージを広げ、自分とすきまくんとで相談しながら、お気に入りの空間にしていきます。

●隙間の広さや高さから、つくりたい空間をイメージする。
●形態の特徴を活用して、造形を楽しむ。
●その場所にあるものからイメージして場所をつくる。
●隙間から空間を広げていく。
●友だちのつくった空間へ出かけ、空間を行き来する。
●一人ではできないので、友だちと一緒に楽しい空間をつくる。
●楽しいイメージが広がり、つくりたいものをつくることに夢中になり、どんどんつくる。

といった活動を展開していきます。はじめは、すきまくんと一緒に活動しますが、そのうちに友だちに見てもらいたい、友だちとその空間で一緒に遊びたいという気持ちが膨らみます。また、友だちに見つけた隙間のよさや面白さを伝えたくなります。すきまくんは隙間を感じるためのツールで、この楽しさを伝え合うには友だちの存在が必要なのです。

また、「すきまマンション」のように、友だちのすきまくんに参加してもらうことで自分の活動を価値づけ、満足するということも起こりました。友だちがいることで、楽しさの発見が続きます。

「今度は、ここにすきまくんを置いて、滑り台をつくろう」
「ひもをつけてエレベータみたいに降りるようにしよう」
など、次々と発想が生まれていきます。

子どもたちはつくりきった喜びから、友だちに認めてほしい気持ちと、知ってほしい気持ちでいっぱいになります。その気持ちがさらに友だちに肯定されることで、嬉しさでいっぱいになります。自分だけでなく、友だちも同じ気持ちです。お互いに認め合う姿が生まれます。認め合うことが、自分も友だちも幸せな気持ちにします。

それが自信につながります。自分で考え、自分で決めることへの自信です。

日常生活の遊びにつながる

低学年では、題材で経験したことが日常の生活の中での遊びにつながるような手立てを設定しています。このすきまくんも、家に持ち帰ることで、子どもは家にある隙間を見つけ、身近にある材料を使って遊ぶことができます。

自分でつくったすきまくんを大切に持ち帰ることができるように、ふたつきの透明なカップを用意しました。

子どもたちには、
「すきまくんがいなくならないように、ふたを閉めましょう」
と話しました。すると子どもたちは、
「ふたをすると、すきまくんが息をできなくなる。大変だ。穴をあけなくちゃ」
と、目打ちで穴をあけはじめました。

すきまくんに愛着をもっていることがよくわかります。子どものそのような気持ちを大切にしたいです。

形や色などから気持ちが動く

材料や用具は、図画工作では必須です。

自分のイメージを形や色などで表すために、材料の特徴を考え、選び、生かし、工夫して使います。また、材料そのものがきっかけとなってイメージをもち、表現することもあります。前者からはじめて、後者へと続く活動もあります。どちらもテーマに基づき、材料を使って手や体全体の感覚を働かせ、感じたり考えたりしながら活動します。

形や色などがあることで、見て、触って、様々な感覚を働かせ、そこから感じることができます。自分の経験に照らし合わせ、自分の感覚で判断し、自分の感性を働かせて感じ取ったことから、

「これはきれいだ」
「これは面白い」
「もっと変えてみたい」
「もう少し色を薄くすると気持ちいい」

など、感情が動きます。造形から刺激を受けて動き出すので、感覚と感覚が結びつき、思考だけではたどりつけないような、その子ども独自の筋道が生まれます。そこからさらに考え、活動を続けていきます。

中学年の題材「ふうとうから家」では、中心材料となる封筒の機能をみんなで確認した上で、活動をはじめます。

ふうとうから家〔4年生〕

封筒の特徴を考える

封筒は、手紙を入れたり、お金を入れたり、中に入れたものを大切に扱うための袋です。もとは紙で包むことを簡易化した方法として袋が生まれました。その後、郵便という輸送方法が生まれ、手紙をひとまとめにし、大量輸送するために封筒がつくられました。封筒には、はっきりとした用途と利便性があります。

中に入れることができる封筒の形態は、内側と外側という意味合いを生み出します。画用紙に絵を描くこととの大きな違いは、一枚の封筒で家の中の表現と外の表現を両方実現できることです。イメージとしては、立体をつくるような視点をもって活動します。カッターやはさみを使って、折ったり開いたりする工作の要素も含まれますが、本題材では、画用紙に貼って平面的な扱いをする材料として、子どもたちに提案しています。

入《い》れる／入《はい》る　出《だ》す／出《で》る

授業のはじめに、「封筒」→入れる／出す、「家」→入る／出るをキーワードにして子どもに問い、内側と外側を意識して考えられるようにします。

「封筒には何を入れるの？」
「そのまま渡すこともできるけど、なぜ封筒に入れるの？」

子どもたちは、実際に自分で封筒に何かを入れることをイメージして考えます。そこから出てきた考えは、

「大切だから」

「なくならないように」

というものでした。「入れる／出す」という機能に目を向けたことから、「中に入れるものを大切に、丁寧に扱う」という意味合いが生まれました。さらに、

「汚れないように」

「親切にする」

という言葉が返ってきました。ここからは「中に入れるものを大切に扱う」に加え、「封筒を渡す相手に対する思い」が含まれていることがわかります。

このように、子どもたちは自分の経験から考え、自分自身の新たな考えをもちます。

ここで、封筒の機能である「入れる／出す」を家の「入る／出る」に置き換え、封筒と家をつなげて「封筒を丸ごと家にする」ことを提案しました。

子どもの活動をシミュレーションしたとき、封筒を小さな画用紙に見立て、表面に家の絵を描くことが想像できました。「丸ごと」というのは、「封筒の機能をそのまま使って」という意味合いを伝えるために選んだ言葉で、封筒の表面に家の絵を描くのではないという意味を込めています。

封筒も、手紙や写真など、大切なものを入れる箱と同じような役目をしています。箱は立体ですが、封筒は平面のような形態をしています。平面だとしても画用紙とは違い、確かに「内側」をもっています。平面と立体の間のような封筒から、家をつくります。

造形としての意味合いに加え、自分の身の回りにあるものの機能や形態などの特徴を生かし、手を加えることで新しいものに生まれ変わるという感覚も味わってほしいと考えています。

自分の感覚を働かせ、実際につくって考える

封筒が「家」になるという導入は、子どもへの提案であり、

「つくってみたい」

「家になるのかやってみたい」

「封筒が家になるのか？」

という活動への入り口を開けた状態です。子どもたちは、ここから実際に材料や用具を使って工夫し、「こんなことができそうだ」というイメージをもって確かめてみることで、内側と外側の様子を探っていきます。

封筒から「家」にたどりつく道のりは、子ども自身がつくるので、自分で発見し、自分でその意味をつくりあげていきます。こうして、造形を介した一人一人の考え方が育まれていきます。

影響し合う子どもの姿から

子どもたち一人一人が、

「どんなことができるのか？」

「封筒から、家の中や外をどのようにつくろうか？」

と、手探り状態で試しては発見しながら造形を捉えています。そんなとき、友だちがはじめた方法からよさを感じ取り、自分の活動の手がかりにすることがあります。待つ姿勢で、友だちがやることをただ写し取り、何も自分で発することがない場合は、「ただのまね」になります。

でも、そこから自分のイメージにつながり、能動的な活動になった場合は、その表現をした人のすばらしさを自分の感覚で捉えています。そして、自分の活動のきっかけとしています。教師は、そこを見極め、活動を後押しします。

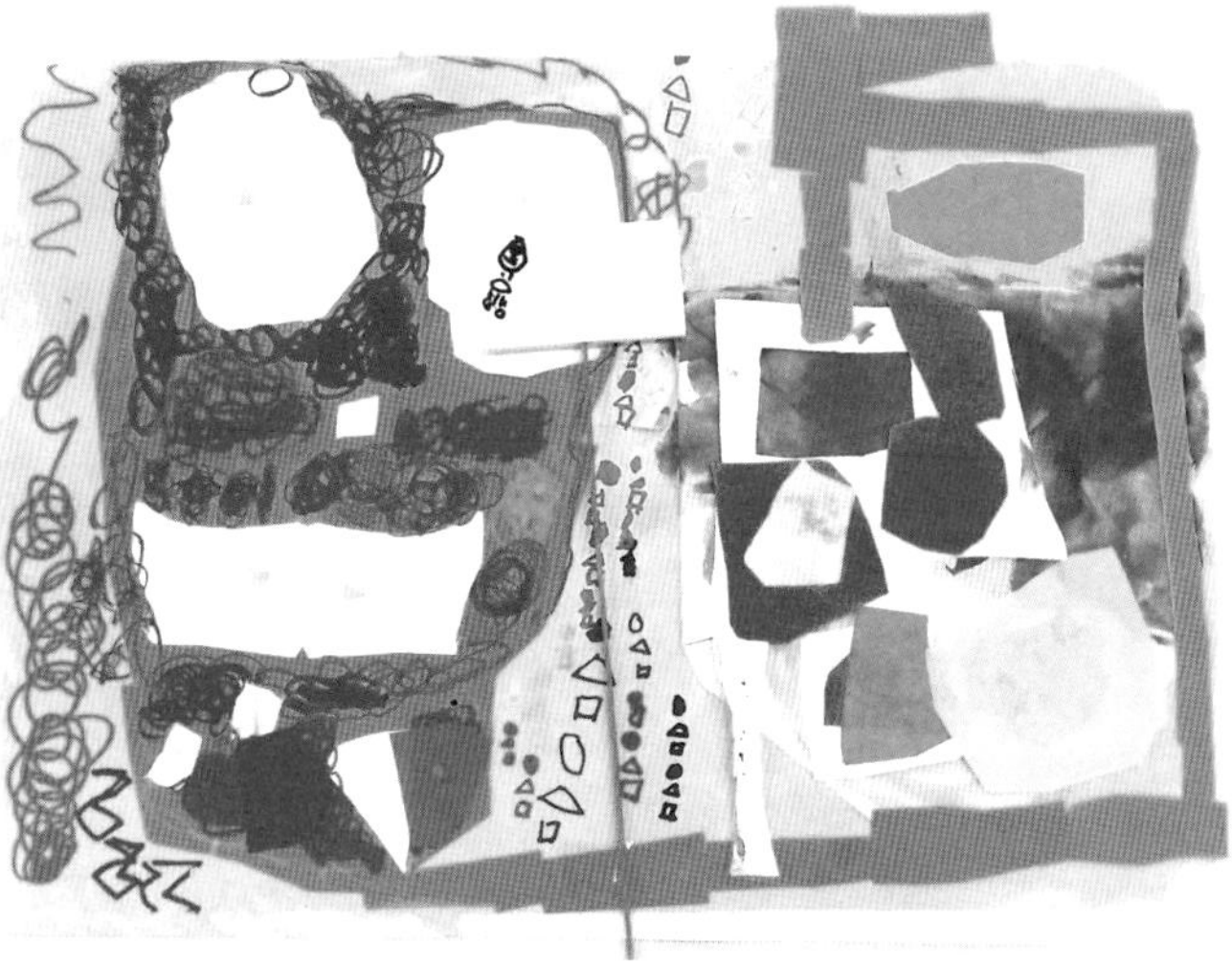

封筒を切ったMさん。家（右）からモンスター（左）までの道をつくり、作品を仕上げた。

平面と立体を組み合わせ、半立体の世界を当たり前のように発見して表現する子どももいる。

真似された子どもにも、「すごい！　すてき！」と認められているということを伝えます。

子どもの活動の様子から、授業を改善していく

学習指導案では、教科の目標の実現に向けて、題材のねらいと評価規準を設定し、実際に授業ができるように計画を立てます。指導案は、表現や鑑賞の学習活動を通して、子どもが造形的な見方・考え方を働かせ、生活や社会の中の形や色などと豊かに関わる資質・能力を育むことを目指して作成しています。子どもの活動する姿を思い描きながら何度もシミュレーションを繰り返し、環境を設定し、材料や用具、言葉を選び、授業に向かいます。

図画工作の学習では、子どもがイメージをもち、自分自身で判断をし、つくった形や色から感じ取ったことをもとに、つくりつくりかえ、つくりきる中で、学習を成立させていきます。

授業がはじまると、子どもの活動を根拠に授業を改善したり、個々の子どもに応じた手立てを考えたりすることが必要になります。作成した学習指導案にとらわれすぎず、子どもの姿を読み取る姿勢と、次の一手を探り判断する緊張感をもち、授業に臨みます。

ここでいくつか、個々の子どもの活動に応じた手立てや、活動の捉え方を紹介します。

最初に封筒を切ったMさん

子どもの活動の様子や子どもの特性から、どのような力が発揮できるのか、その場での対応が必要になることがあります。

学習指導案は授業の計画であり、その日の授業で子どもたちはどのような活動ができるか考えたものですが、全員の子どもが同じ順序で計画通りに進めていくわけではありません。

前ページの作品をつくったMさんは最初、こちらの意図と反して封筒を材料として切っていました。そこでまず、

- 自分で形や色を決めること。
- 自分が関わることでできてくる世界を楽しむこと。
- 友だちと関わり、いろいろな活動があると感じ取ること。
- 最後までつくりきること。

という目標を再度押さえることにしました。Mさんには、切ったものの形がよく見えるように色画用紙を選んでもらい、そこに並べてできたものが「モンスター」でした。上下逆さまにしても顔に見えました。「どちらから見ても顔だね！」と、Mさんと二人で確認しました。その後、「家（右）からモンスター（左）までの道をつくってみたら？」と提案しました。

Mさんは、切り取った残りのピンクの色画用紙で道をつくりました。その後は自分でイメージして、色紙とペンを使い、作品を仕上げていきました。

色紙とペンで画面を捉え、色合いのバランスとスクリブルなペンの線や形の調和を感じる作品です。Mさんは作品を見つめ、満足した表情で「できた！」と完成を決めました。

封筒を立体にしたい子ども

封筒にマチをつけて立体にしようとする子どもに対しては、画用紙を配り「ここに貼る」ということを伝えました。封筒を切り開いて材料にすることもできますが、本題材では封筒の機能を生かすことと、平面に貼ることを提案しています。活動の入

り口は狭めることで、新しい造形の世界と向き合い、形と色に働きかけてほしいと考えました。

折りたたみ式にして、展示するときには立体になるという仕組みを駆使して表現し続け、完成させた子どもが数名いました。彼らは平面と立体を組み合わせた半立体の世界を、当たり前のように発見し、表現しています。

文字を使った表現

封筒からできた家のドアを開けると、ママが待っています。「おかえりー」と声をかけてくれます。楽しい気分が盛り上がると、絵から吹き出しが出てきて、おしゃべりするように、Hくんは作品をつくっていきました（次ページ上）。ニコニコしたママの笑顔はとても優しそうでした。ペットの犬の隣にある駐車場には車がつながっています。この絵に描かれている文字は、絵とおしゃべりしているようです。

手でちぎった紙の形は、以前に和紙を手でちぎった経験からきているのかもしれません。「手でちぎった感じがいい」と、つぶやいていました。はさみではなく、手でちぎることでいい風合いの形ができることを思いついている姿です。

Hくんは、文字を書くことも、手でちぎることも、自分の気持ちを乗せた表現方法として自分で選び、決めています。

めくって見ることができる絵

封筒を切り分けると表、中、中、裏の四面できることに気づいたYさんは、その特徴を生かした家づくりにチャレンジしました（次ページ下）。完成した作品を手に、「家をめくって見てほしい」と話していました。この新しい発見のような、工夫のある表現には、見る人を驚かせるような楽しい仕組みが備えられていました。

実際にめくっていくと、物語のようにお話が展開していきます。封筒の機能を生かした造形の可能性はさらに広がりました。

可能性を広げた子どもは、身の回りにあるものを見る目も変わったのではないでしょうか。形や色などから判断し、自分の力でつくることで、自分なりの価値をつくりだしていることがわかります。

私たち教師は、たくさんの子どもと授業しています。「全てを見ているわけではない」ということを自覚した上で、「手立てが必要な子どもに応じた指導をし、子どもの学習をよりよく支えることができるのではないか」と集中力を高め、現状を捉える感度を上げることが大切です。もちろん、私もこの力をつけたいと努力しています。

教師も、努力だけでは手応えを感じることができません。一方的に指導したのでは、それが確かなものであったのかどうか判断しかねます。そのような面からも、子どもの反応はとても重要です。

教師の提案は、子どもを表現する一人の人間として尊重しながら行うものです。この関係がもてると、子どもは教師自身を成長させてくれます。

子どもと教師が「そうか！」「なるほど」と頷き合う、その関係は子どもと教師が学び合う環境をより豊かなものにします。

1

2

1. おしゃべりするように文字をかいたHくんの作品。2．Yさんは封筒の四つの面を生かして、めくって見ることのできる作品をつくった。

COLUMN 5

自分にとって魅力的なものは？

よほど自分はわがままなのだと、振り返り、思うことがあります。夢中になると貪欲に突き進み、止めることができません。

私は、やりたい、知りたい、つくりたい、などの欲求が勝ると、ちょっとした困難を乗り越えて突き進んでいきます。記憶をたどっていくと、生まれてからずっと繰り返されてきたことなのだと思います。

例えば、水溜まりがあったら、何度でも、水を蹴飛ばして水しぶきをあげ、嬉しい気持ちになった記憶はありませんか？　電車に乗ったとき、つり革に背伸びをして届いたとき、何とも言えない満たされた気持ちになった時間を覚えていませんか？

私が子どもの頃は、道の端に幅が1.5mほどの水路があって、そこに等間隔で細いコンクリートの平均台のようなものがありました。そこを渡りたい気持ちと、落ちるかもしれない恐怖を背負いながら渡りきったときの達成感を思い出します。

皆さんは、どのような記憶がありますか？

なぜ、このようなことをするのでしょうか？

私たちは、自分への期待をもって日々生きているのではないでしょうか。昨日の自分よりもすてきな自分になれることを確認したいのではないでしょうか。これは子どもだけではなく、大人になっても、変わらないことです。

ただ、その感覚はデリケートなところがあるので、強固な価値観に触れたとき、蓋をされてしまいます。蓋をされてしまうと、気持ちがぐっと後押しされるような、暖かさに満たされるような、あの突き動かされるような感覚は記憶の奥の方に眠ってしまいます。

大人である私がそうであるように、お読みになっている皆さんもそうなるのではないかと思います。

Tくんの電車

Tくんは電車が大好きで、とても鉄道について詳しく、いつも電車のことを教えてくれます。私も電車に乗って出かけることが好きなので、とても楽しい時間です。

図画工作の時間になると、「今日は、どんな電車をつくろうかな？」といった面持ちで、誰よりも早く張りきって図工室に入ってきます。真剣な表情で、みんなが入ってくるのを待っています。

「今日も、やる気満々だな。Tくんのアイデアが楽しみだ。Tくんが満足できるといいな」と期待しながらTくんの様子を窺っている自分に気づきます。

夢中になってつくっているTくんの作品が、いつでも電車がモチーフになっていることに気づいたときは、「このままでいいのか？　もっといろいろな世界もあるのだけれど？」と教師としてどのような一手を打てるのか、考え、迷いました。

迷いながら、満足して作品を見せてくれるTくんが大切にしている世界を、もっと知りたくなりました。

2

1

4

3

1. 題材名『あわてんぼうのサンタクロース』での作品**「夜の東海道線に乗るサンタさん」**
2.3. 題材名『鳥の家族のすてきな一日』での作品**「鳥鉄」「はやぶさ」**
4. 「鳥鉄」の前に描いたスケッチ。「鳥鉄」の右にある木の枝には鳥の巣があり、イメージがつながっていることがわかる。
5. 題材名『一枚の板から』での作品**「ふみきりとキハ 110 系」**

5

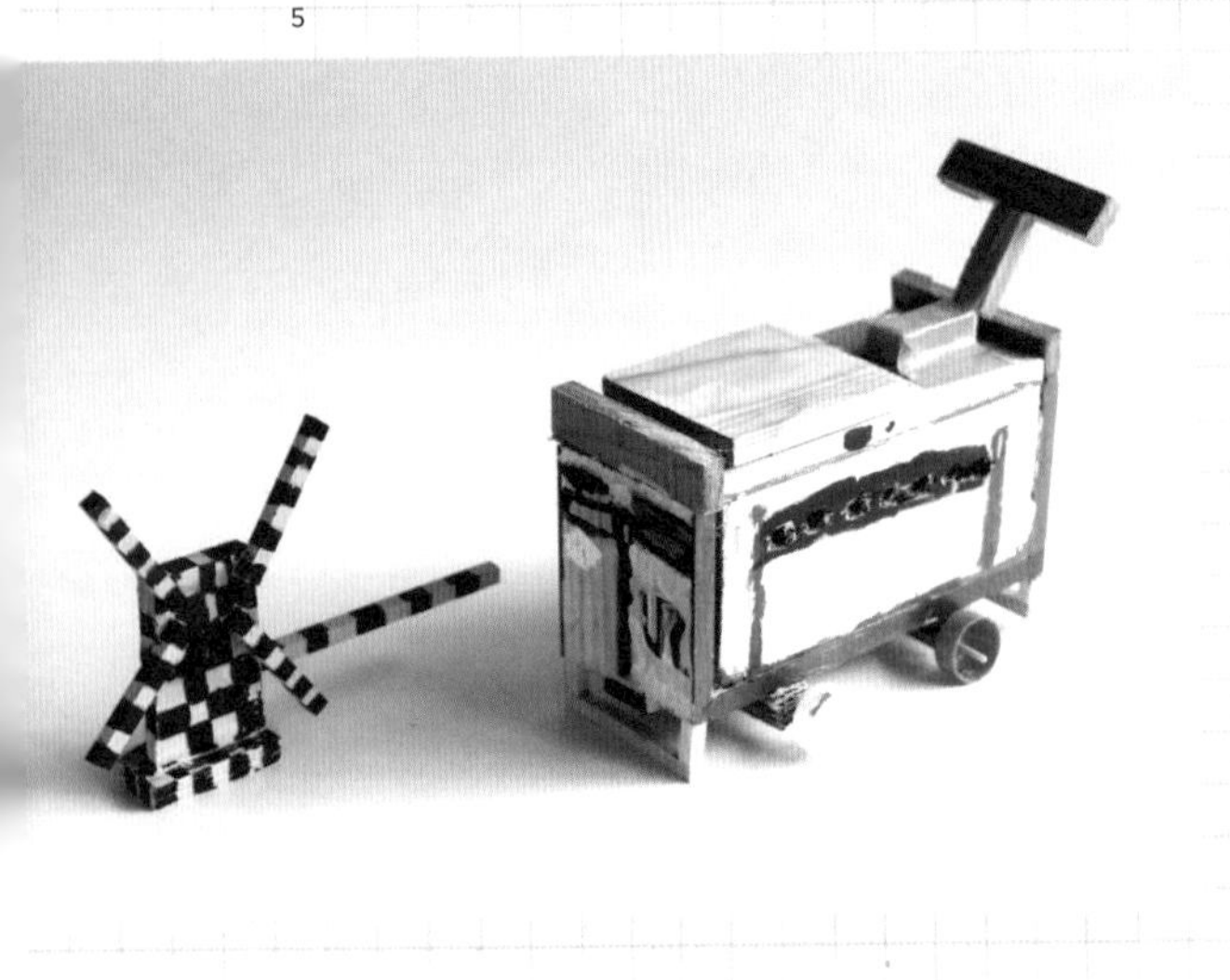

活動しているTくんに注目すると、誰よりも、考え、つくりたいという欲求の強さをもっていることに驚きました。「そうか、これだけ夢中になれるんだ。イメージをもち、真剣に材料を選び、思い描いた形や色、機能をもたせるためにこれだけの力を発揮しているのだ」と気づきました。

こだわりをもって表現しているので、細部までつくる必要性を強く感じ、どのような材料を使って、どのような方法でつくればうまくいくのか考えています。妥協は許さない強い気持ちで臨んでいます。

見方を変えると、「好きなことやつくりたいという気持ちは、がんばること、困難を乗り越えることに力を与える」ということを示しています。

「形や色などから感じること、判断すること、表現すること」

図画工作の題材には、絵の具を使うことが多くあります。はじめて手にした自分の絵の具のチューブを絞り出す感覚は、指先にずっと残っているのではないでしょうか？

私の子どもの頃は、今のようなポリチューブではなく小さな錫張り鉛チューブでした。大切に絞らないとすぐに減ってしまうし、チューブに傷が入って絵の具が出てきてしまうこともありましたが、絵の具を使う時間は楽しみでした。

子どもたちは色と色を混ぜることを楽しみます。色が混ざり合う様子や色が変化する感触が楽しいのです。自分の力で物を変えることができることが嬉しいのです。

放っておくと、何度も何度も、いつまでも色を混ぜ続ける子どももいます。このような子どもの姿は、私が子どもの頃も、今も、同じように見かける姿です。今も昔も子どもたちは絵の具が好きなのです。

たった二つの色でも、色が変わる瞬間の、目に伝わる気持ちよさは、たくさんの種類の色を使ったときとは違った刺激があります。二つの色を使って色をつくるとき、たいてい全て混ぜきります。色と色が混ざりきると新しい色が生まれます。

しかし二つの色が出会い、色と色が混ざりきる前は、たくさんの可能性に満ちています。高学年の題材「二つの色からはじまる絵」は、ここに着目しました。

二つの色からはじまる絵［5年生］

友だちが表した、はじめの一枚から学ぶ

子どもは、混ざり合う途中にある色合いをどのように捉え、それをどのように感じているのでしょうか？

まず子どもたちに二つの絵の具の色からできる色合いに注目することを提案します。そこで、

「二つの絵の具の色からできる色合いに注目します。そして、どのような色合いができるのか試します。いいなと思う色合いからどんどん続けて描き、絵をつくります。いったいどのような絵になるのでしょうか？」と話します。

「いったい、二つの色で色合いをつくるとはどういうことか？」と子どもたちは考えます。

図画工作のいいところは、実際にやってみて、自分の目で確かめ、理解することができるところです。自分だけでなく、友だちがやってみたことから感じ取り、考えることだってできるのです。そして表した形や色などで交流します。そんなよさを存分に味わえるように、事前に切り分けておいたキャンバスボード（5×5cm）に、水性絵の具の二つの色（赤と黄色）を使って色合いをつくります。

このボードは小さいですが、一つの小さな作品のようにも見えてきます。子どもたちは、友だちが表した色合いが集まると、

いろいろな色合いができることに気づきます。

しかし、「この感じはいい！」「こんな感じにできないかな？」と感性を働かせ、イメージをもって試しながらつくってみる子どもばかりではありません。私も「きっと、言葉だけでは受け止めることが難しい子どももいるはずだ」と考えていました。

そこで、色合いの多様性と無限の可能性に気づいてもらうために、はじめはみんなで同じ二色を使って自分の感じた色合いをつくり、みんなで見合った後に二枚目をつくることにしました。

子どもたちは自分でつくったはじめの一枚を机にのせるとき、友だちはどのような色合いをつくったのか期待をもって見つめます。

自分とは違うことへの気づきがあります。

「これはいい」

「なんでこんなことになっているのか？」

といった発見や驚きは、子どもへの刺激になります。瞬時にその感じをつかみ取り、やってみようという意欲に、無言のうちにつなげていきます。

友だちが表した色合いは、子どもの新たな学習を引き出します。二枚目につくった色合いは、一人では気づくことができなかったものへと変わっていきます。

このような、子どもが友だちから無言でつかみ取るという学習の仕方は、自分の感覚をよりよいものに向けようとするエネルギーの表れのように感じます。

一緒に見て、感じたことから考える

コロナ禍に行った本実践では、子ども同士が密にならないように、鑑賞でも工夫が必要となりました。並べた小さな色合いを鑑賞するとき、

●一斉に集まることはできない。
●映像では生の色を感じることはできない。

などを考慮し、四回に分けて集まるようにしました。七名ほどのグループで見ると、一人一人が感じたことを話し合うことができます。順番が来るまでは、自分で選んだ二つの色で色合いをつくる時間にしました。各グループで話し合われたことは、私が話の内容に合わせて伝えることにしました。

このようにすることで、全員が自分で感じたことを友だちとおしゃべりするように話し合うことができました。また、友だちとおしゃべりするように話した感覚は、描いている途中や、授業の終盤に作品を見る場面でも、自然に集まった友だちと話し合う姿につながりました。

子どもたちは、ほんのわずかな経験を自分の中に取り入れ、よりよく友だちと関わり、感じたことを話し合う楽しさを自らの活動にしました。些細なことのように思えますが、このような方法や環境による手立てからも子どもは学習するのです。

おしゃべりするように鑑賞し、もっと見ることや、もっと発見することを自分たちの力でやってしまいます。学習したことを活用しているのです。

二つの色を選ぶ

自分で選んだ二つの色を混ぜながら色合いをつくり、そこか

「単なる色合い」Dさん　小さなキャンバスボードで二つの色を使い、どのような色合いができるのか試したときから、自分の中に「これがいい」といったイメージをもっていた。大きな画面でつくりかえ、つくりきる強い意志を感じる。

ら感じたことをもとに絵を描くことを提案します。この題材は、いろいろなモダンテクニックで描くことがめあてではありません。色と色が出会い、隣り合う色の感じや動き、組合せなどのよさを感じることから活動がはじまります。

絵を描くとき、子どもはどのように色を選んでいるのでしょうか？

「海を描きたいから青」
「山を描きたいから緑」

という選び方もありますが、今回は二つの色から無限にできる色の関係を見つけます。そして、自分の感覚でじっくり見て自分なりのよさを感じたことをもとに描くことに挑戦します。感じて考えることで、色や感覚と対話し、描きます。

この題材では、自分でつくった色合いの感じから平面がつくられていく経験をもとに、感覚を存分に働かせてほしいというねらいがあります。そこで、

「色を選ぶとき、海を描きたいから青色、植物を描きたいから緑色という色の選び方はしません。色と色が出会ったときにすてきな感じが生まれるような色を選んでください」

と提案します。

子ども一人一人の意思がある

子どもにB4サイズのキャンバスボードを一枚渡します。子どもは、二つの絵の具の色を選んで色合いをつくります。はじめは自分でつくる色合いに注目し、その色の様子や色を組み合わせながら、「これはいい」と判断し、画面をつくっています。

これをある程度積み重ねていくと、画面や感じたことをきっ

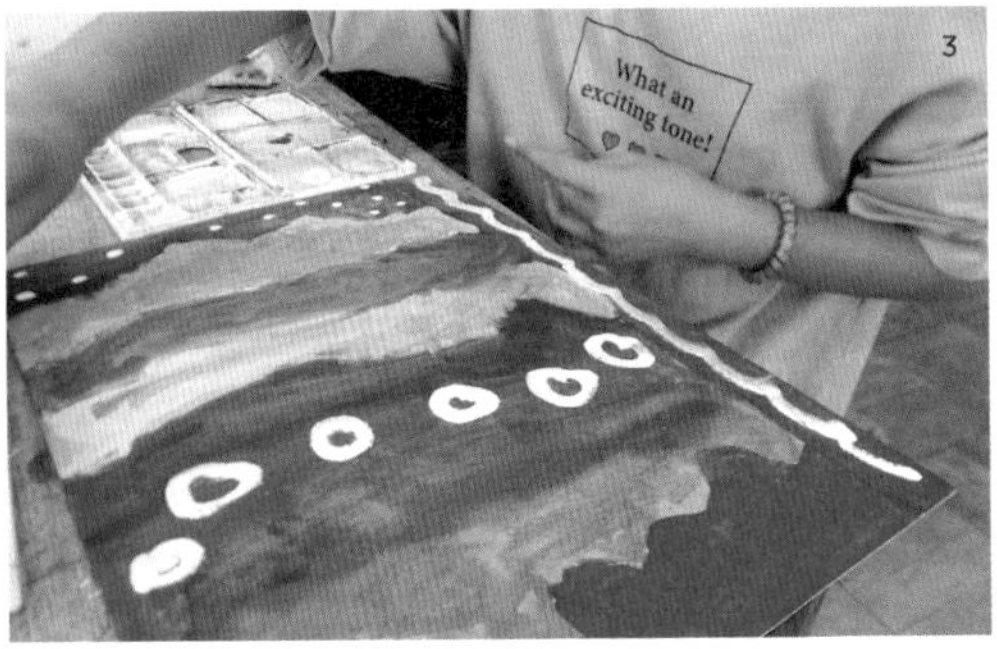

1. 水彩絵の具の赤と黄色を使い、キャンバスボードの上に色合いをつくる。2. Gくんは黄色と紫色を選びたかったが、紫色の絵の具がなく、青色と赤色を混色して紫色をつくった。また、黄色も塗り重ねて色味を濃く感じるように工夫している。左右対称の造形がつくられている。塗っているとき、水を含んだ紫色の絵の具が縦に流れた。すかさず柱のような形に収め、右側にも同じように描いた。安定感のある構造である。3. Aさんの画面では二つの色が出会い、色合いを感じている。感じた色合いのリズムに乗せて次の色がつながっている。具体的な形ではなく、模様のように繰り返し色合いの美しさに沿って描き続けていた。「くねくねしていて、見ていて楽しい絵ができた」と教えてくれた。4. Eくんは自分で選んだ色の絵の具が切れていてがっかりしていたが、図工室で用意していた絵の具を使うことができ、気持ちが盛り上がった。自信をもって色合いをつくり、色合いと色のバランス、動きが表現されていった。色のかすれ、流れるような形、混色でできる色を組み合わせ、画面が構成されていった。

七人ほどの小グループになり、色合いや表現方法について気になること、発見したことを話し合う。

かけにイメージをもち、一人一人の子どもが意思をもって感覚を働かせながら構想し、描きはじめていきます。

　さらに二つの色からできる色合いに注目し、描いていくうちに、どうしても使いたい色が出てきます。自分で描いた色合いから、使いたい色を決めていきます。そして、自分のイメージをもとに絵がつくられていきます。

　子どもたちは、じっくり見ることで、色合いを感じます。

「よし、もっと水を混ぜてみよう」
「色と色の間がきれいだ」
「だんだん色がきれいに変わっていく」
「こんなにいろいろな色になるんだ」
「上空から見ているように描いているよ」

　など、一人一人の子どもの感じたことが、表現の根底を支えます。そうしてイメージをもち、つくりきった作品からは、一人一人の強い意思を感じます。

　この強い意思は、子どものイメージから発せられています。子どもがもつイメージには、具体的なイメージ、漠然としているけれども自分のもっている美しさやバランスをもとにしたイメージなど、様々なものがあります。

子どものイメージの出どころは？

①色合いを追求する

　Eくんは、二つの色が出会って生まれる色合いを感じると、

「次はどのように色合いをつくっていこうか？」
「筆をどの方向に動かそうか？」

　と、色と色の感じによってつくられる画面を追求するように表現しました。一つ色を置くと、次の色合いが画面に見えてきます。そのことを繰り返し、自分にとって「これがいい」という思いがつくられていきました。

　感覚を働かせて判断するとき、子どもは全体をイメージして画面を構成していくこともありますが、次の色合いを画面上の出来事から判断し、それを繰り返しつくることもあります。

　この作品を描いたEくんは、最後に全体を引き締めるような色をさりげなく入れ、完成を宣言しました（右ページ写真4）。

②色と色の出会いから感じ取る

　二つの色が出会うことで、無限の色の感じができることに気づいたAさんは、微妙に変化する色のよさを画面に残していきます（右ページ写真3）。

　その組合せによってできる凸凹の形を繰り返し、つながる形をイメージしていました。量や形のバランスを捉え、自分なりのリズム感をもって意図的に画面を構成しています。

③色と色の特徴を感じる

　Bさんは対照的な二つの色から、造形の対照性をイメージしました（105ページ上）。二つの色が重なり合いできる色合いから表現が広がっていきます。色から受けるイメージというよりは、対照であるという構造をイメージしています。

「このような造形が実現できるのか？」

　と、実際に表現して考えています。つくりきることで、確かにこのような表現があるという価値づけを、自分自身にも作品を見た友だちにも示しています。

④色合いから具体的なイメージをもつ

左ページのCくんは選んだ二つの色から色合いをつくり、その色の感じから感覚を働かせ、色や形をつくり続けました。バランスや奥行きを含んだ造形が生まれています。自分の中の「これがいい」という判断を繰り返し、表現しています。

「これがいい」という感覚的なイメージの他にも、色合いや色の組合せなどから、描きたい具体的なイメージを立ち上げる子どもの表現もあります。どちらも二つの色からはじめています。

色と色の出会いから生まれた形や色、感じたことをもとに、イメージを膨らませた子どもの表現です。

⑤「きれいだと感じた」感覚を貫くという決断

Dさんは、はじめに選んだ二つの色でつくった色合いの美しさを感じ、自分で納得できるまでつくり続けました。画面に広がるイメージをもって表していきます。

イメージを言葉で言い当てることはとても難しいことです。形と色から何かを感じ取って表した子どもに聞いても、

「この感じがいい」

「色と色の出会ったきれいな感じから、形を動かしてできた」

など、具体的なものではないことが多くあります。Dさんが作品につけた題名は、『重なる色合い』でした。バランスや空間を感じて表現した子どもの感覚が形や色などになり、確かにここにあるのです。

Dさんははじめに選んだ二つの色だけで、他の色は加えずに、はじめに思い描いたイメージで貫き通し、後半青色を加え構成を変え、色と色の関係を探るようにつくりきりました。

子どもが形や色からイメージをもち、絵に表す活動に挑む姿には、迫力を感じます。

「子ども一人一人がつくりだす形や色などのもとになるイメージがどのように立ち上がるのか?」

と、形や色などが生まれる根源的な問いが頭の中に響きます。また、二つの色からつくられる色合いは、一人一人違っています。その色合いから感じる捉え方も様々です。

感じる主体は子どもであり、集中して見て感じたことからイメージをつなげ、表現を続けていきます。その子にしかできない表現を繰り返していくうちに、表現する子どもの存在が作品と重なって見えてくるので、迫力を感じるのです。

子どもは自分で表した造形から考え、自分で判断し、決断することを何度も繰り返していきます。そこには子どもの成長を感じます。その場に起きた出来事と真剣に向き合い、学習する子どもの姿です。

1.**「過去と未来」**Bさん　色や造形の対照性を表した。二つの色が混ざり合う新しい色が二つの世界をつないでいる。
2.**「別世界」**Cくん　はじめに選んだ二つの色から組み合わせてできた形からイメージをもち、描いた。形に反応しながら、使いたい色を増やした。大きな形を鳥に見立て、その形の特徴を生かして楽しく遊ぶ小鳥たちを表現している。

1

2

COLUMN 6

教師も感覚を働かせ、子どもの感覚とよさを捉える

見たこと、感じたこと、伝えたいことをもとに絵に表すときは、自分なりの発想から形や色などを思い描き、どのように表すか構想し子どもは表現をはじめます。『二つの色からはじまる絵』には、活動のプロセスに子どものイメージのもととなる造形の世界があります。

「作品と題名のつながりをどう捉えるか？」

ある先生から投げかけられた問いです。私の授業を見て題材の核となることに迫る質問をしてくださいました。この問いには、「表現したことを言葉にして題名にしている子どもと、活動自体に価値を見つけ表現しているけれど、題名をつける段階で迷っている子どももいる」

ということが示されています。子どもはみんな考えて題名をつけています。教師は題名を見て、

「子どもの言葉の選び方をどのように捉えるか」

「捉える側の力が問われている」

と話が続きました。感覚を働かせ、

「いい感じだ」

「これはきれいだな」

「形がふわふわして気持ちいい」

など、自分の感覚に沿って画面を構成した子どもは、それを題名につなげています。

一方、色合いを感じ取り、どの色が合うのか考え、よさや面白さ、組合せや形のよさや面白さをもとに画面を構成した子どもたちもいます。自分でつくった形や色を追いかけるように表現することに価値を見いだし表現した子どもたちは、言葉を見つけることに必要性を感じていないことに気づきました。

教師が題名を読み取るとき、言葉をそのまま受けて解釈すると、子どもが意図していることや大切にしてきたこととずれた捉えになることがあります。

左ページのEくんの作品の題名は『何倍にもしたらコロナが見えた』です。作者であるEくんはコロナを描こうと思っていたわけではありません。色合いを感じながらそのよさを追い続けていった作品です。描きながら何度も向きを変え、色や空間のバランスも捉えながら考えていました。題名をつけるという段階で、作品を見続けていた結果、考えついた題名でしょう。

Gくんの作品の題名は『作者もなんだかわからない』です。左右のバランスをとりながら表現していたGくんは、はじめの二つの色にこだわりをもち、どうしても使いたい紫色を赤と青でつくっていました。微妙に色を調合しながら「これでいい」という一色（紫色）にこだわりました。黄色の画面ができると紫色の線を入れ、また、黄色の面をつくることを繰り返していました。左右対称になるように筆を動かします。強いこだわりと意思をもち、作品を完成させています。

こんなアクシデントが起きました。手のひらで画面をこすっていたとき、紙がほんの少しめくれました。Gくんは驚くこともためらうこともなく指でめくれたところをつまみ、すーっと紙の表面を剥がしました。その後、ささっと色を塗り重ね、そこで筆を置き完成としました。Gくんが夢中になり活動してい

た気持ちに当てはまる言葉が「なんだかわからない」ということだったのです。作品にある造形を具体的なものに見立てることもできるかもしれませんが、Gくんはそれを選びませんでした。ワークシートには、

「合う色と合わない色がある」

「コップみたいな絵」

と書いています。形を見るとコップのような形を感じますが、題名にはしませんでした。色と色の関係に注目しながら描いた自分自身のバランスの感覚から対照性を感じる絵ができました。このときの感覚につながる言葉が『作者もなんだかわからない』でした。

言葉と子どもの感覚をつなぐ

題名を見て、作者の意図することが見えてくることもあります。反面、題名に書かれた言葉を頼りに作品を見てしまうこともあります。

子どもと美術館で作品を鑑賞するときは、できる限り題名とキャプションを見ずに、自分の目で感じたことを友だちと話し合います。題名やキャプションには、作品に関する情報が書かれています。はじめからその情報を頼りにすると、そのバイアスがかかった状態で作品を見ることになります。しかし情報があることで、ひとまずそこから鑑賞をスタートすることもできるので、目的に応じて計画します。

情報を見ないで、作品から感じ取ったことや描かれていることをもとに見ることから鑑賞をはじめることもできます。形や色などから自分の見方で鑑賞する中で、子どもは自分の感覚や経験に基づいた考えや判断を繰り返していきます。友だちと一緒に見ることで、お互いの学習を支え合い、見方の違いから気づきを増やします。この場合、形や色などを根拠に、気づいたことや感じたことを伝え合います。作品を中心において話し合いをすることで、言葉と造形をつなげることができます。

同じように、教師が子どもの作品を見るとき、子どもの活動や作品に描かれた形や色、質感などを根拠にすると、子どもが働かせている感覚を感じ取ることができます。教師が子どもの感覚に気づくためには、自分の感覚も十分に働かせて感じ取ることが大切です。

大人は多様な経験や多様な言葉をもっています。そこをよりどころに判断することができます。しかし、子どもが夢中になって形や色と対峙し、感覚を働かせている姿を目にしたら、教師自身もその感覚を味わうように、その姿に注目します。

そうすることで、言葉に置き換えられる以前の、子どもがつくりだした造形の世界に出会うことができます。

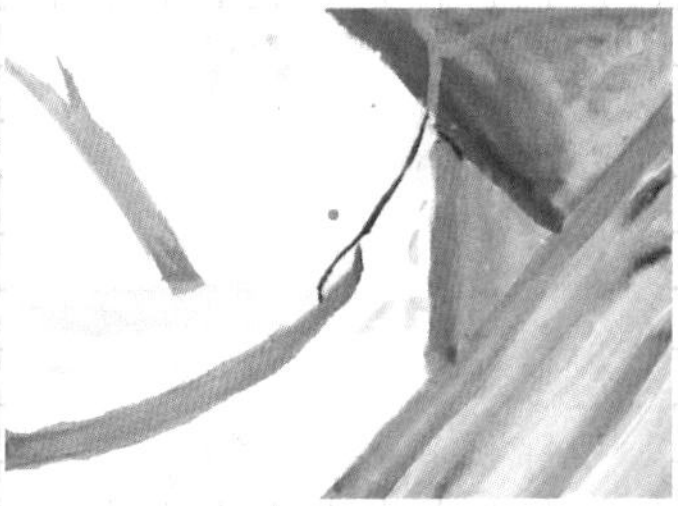

「何倍にもしたらコロナが見えた」Eくん

「作者もなんだかわからない」Gくん

COLUMN 7

世界は魅力的なもので満ちあふれている

テレビ番組のタイトルのようですが、私たちには未知の世界が用意されています。その一つ一つの魅力は無限大です。

そんな魅力ある世界に出会い、興味をもち、夢中になれたらそれは奇跡のようなものです。そのきっかけは人それぞれです。

- 出会った人の影響があった。
- もともと関心があったことからつながった。
- やってみたら面白かった。
- 読書や展覧会などの情報がきっかけとなった。
- 子どもの頃の記憶や経験とつながった。

このようなきっかけで、私は夢中になることに出会うことができました。

先日、墨田区図画工作研究会の仲間であるN先生から、「能」に興味をもち、能の研究会の会員になったというお話を聞きました。

きっかけは、「隅田川」という、「梅若丸伝説」の物語がもとになっている能の演目です。高貴な生まれの梅若丸が琵琶湖のほとりで人さらいにあい、関東に連れ去られてきましたが、奥州に向かう途中、旅の疲れから命を落としてしまったため、母の元に戻ることはありませんでした。

命を失った梅若丸を思う母親の思いが、N先生の心に響いたようです。この物語を能の演目『謡曲　隅田川』から知ったことで、能の魅力に出会い、今、まさに夢中になっているのです。

私は、梅若丸供養のために建てられたという念仏堂をもつ木母寺に近い学校に勤務していたので、勤務地の歴史を学ぶフィールドワークで「梅若権現御縁起」絵巻物を見ることができました。中世、奥州街道に続くこの地の歴史とともに、このような物語が伝統文化とともに現代に流れていることへの奥深さを感じました。

私の「梅若丸伝説」との出会いは、すみだ郷土文化資料館の学芸員さんのお話です。地域の文化と歴史に出会いました。その学芸員さんは中世の文化を専門に研究されていたので、学校のあるあたりに室町時代の隅田宿があったことを古地図で一緒に確認しました。千軒の宿が建ち、川を使った交易が行われていたのではないかという説を伺いました。栄枯盛衰が繰り返されて現代に至っていることに触れ、この地の歴史とロマンを感じました。また、「梅若」という名前が公共施設などに残されていることからも、その歴史ある地域を改めて感じるチャンスをいただきました。

出会いは、引き寄せられるように、人それぞれの形でその人が歩んできた時間とタイミングによって訪れます。私は、N先生が興味を抱いたような能の魅力にはつながりませんでした。

生きてきたその人の今との出会いにより、その人のこれまでつくりあげてきた、その人に備わる生き方の流儀と響き合ったとき、興味に向かう勇気をもって突き進めるのだと思います。

感動や経験は、誰かに教えてもらったり、他者をなぞったりしても、その人の神髄に響くものではありません。夢中になることで、自分の感覚が突き動かされたその経験とともに、その人そのものになるのです。

夢中になってできることに出会うきっかけは、人によって違います。そのタイミングも様々です。

私の人生で一番長く続けてこられたことは、図画工作科の教師という仕事です。これまで続けてこられたのは、楽しさを見つけることができたからだと思っています。私にとっての楽しさは、発見です。たくさんの子どもと出会い、子どもと一緒に図画工作の時間をつくる中で、子どもが見せる姿から、作品から感じ取る造形から、子どもによる考えの筋道、子どもの感覚などを日々発見し続けています。

ただ、この発見を支えてくれたのは、図画工作以外の様々な文化や世界の魅力です。不思議なことに、図画工作という土壌とは全く違う世界ですが、物事の根本というところが、見事につながることがあります。

美術館で見つけた作品や作家の考え方と、子どもが夢中になっている寄り道の心地よさがつながることがありました。旅先で出会った早朝の朝靄によって浄化された空気が、混沌とした気持ちをかかえる水場の子どものことを遠くから考えるきっかけとなりました。

旅行や美術館巡りに夢中になっていても、それを優先できないときがあります。やむを得ず仕事に向かわなくてはならないとき、体調が優れないときなどがあります。

また、「もういい」「今はちょっとお休み」と思えるタイミングもあるようです。

夢中になれるときは、夢中になっている自分を大切にするといいです。

これまで旅行をしてきた場所のガイドブックや、旅の思い出の品、気に入っている本や音楽など。自分が夢中になれるものは大切にしている。

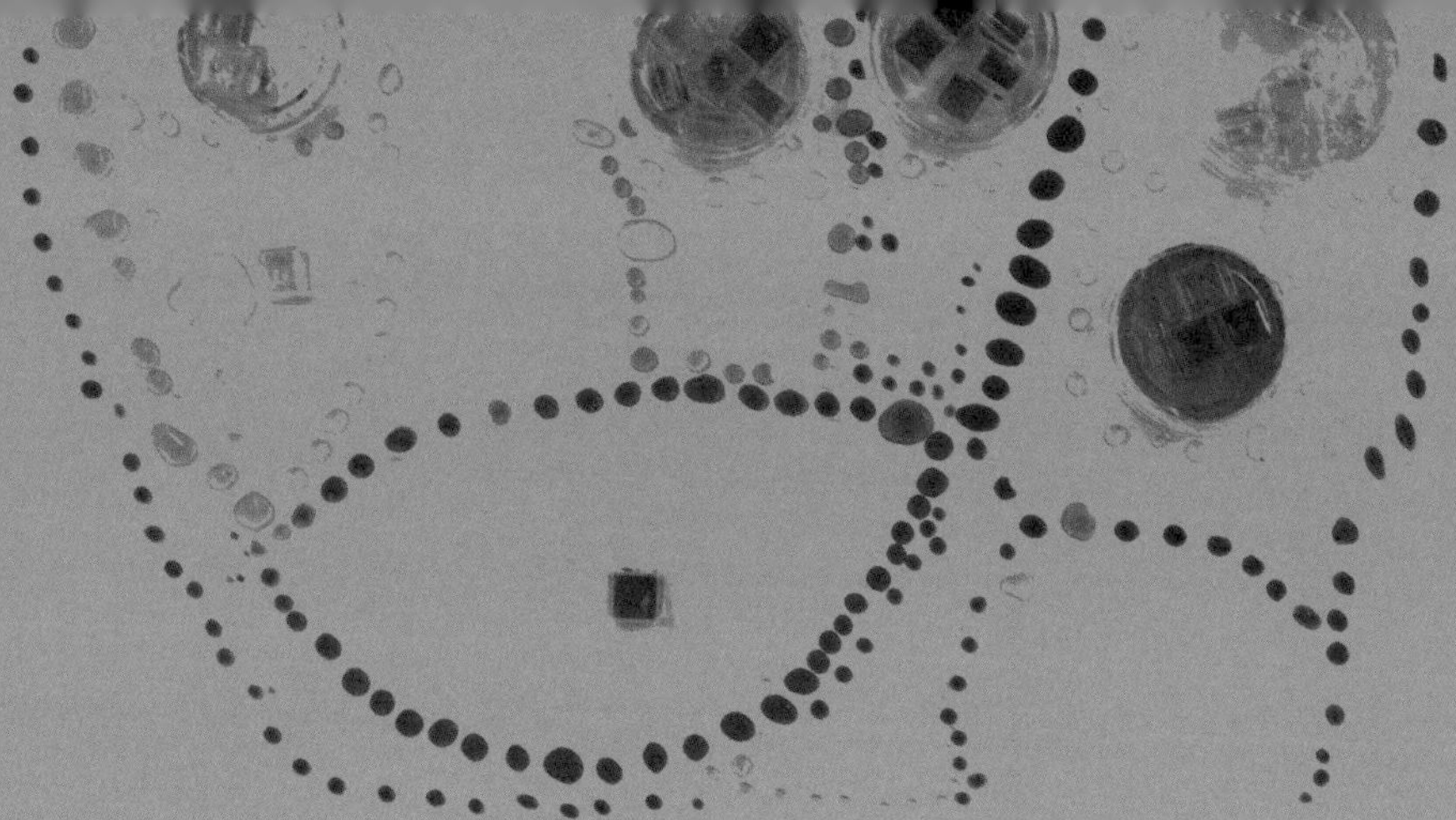

5

CHAPTER

子どもの成長に向き合う

成長とは、よりよい自分になることです。みんな、幸せになることに向かっています。

人は、他者と出会い、刺激を受け、新たな考えに気づくことができます。人は、ものと出会い、新たな形や色を創造することができます。人は、自然と出会い、感情や感性が揺さぶられて造形や言語などのイメージをもつことができます。

媒体となるものや人を介して想像したり、創造したりすることで、人間は感動したり、発見したり、心が動いたりして、自分の存在に気づくのです。

造形活動は、自分の思いを形や色などで表現し、他者に伝えることができるのです。そうやって伝えることで、新しい関係がつくられます。よりよい関係は、お互いを成長させます。

自分がある 成長がある

ある日、子どもが自分でつくった作品の題名に『水と生きる』という言葉を書いていました。
「えっ、これって？」と聞いてみると、
「天然水のラベルに書いてある言葉を使ったんだよ」
と教えてくれました。それから、この言葉が気になるようになりました。

私たちは毎日の生活で水を使っています。水を見ない日はないという、当たり前のことが気になりました。蛇口をひねれば出てくる水ですが、水道水になるまでの過程は理科や社会科で学習します。体育科での水泳指導では水の中に入り、水を知ります。家庭科では料理や洗濯、掃除でも水について学びます。図画工作科でも、水を材料にする題材があります。小学校生活の場である水場や、トイレの使い方を学ぶときも、水の扱い方は切り離せません。

水は形を変え、私たちの身の回りに存在します。形をとどめない水の形をつくるには、経験をもとに想像力を働かせ、材料と対峙しながら様々な感覚がつながっていくのではと考えました。低学年の題材「水のかたち」は、粘土を手のひらでこねたり、指でつまんだり、ちぎったり、くっつけたり、粘土べらでひっかいたりして、水を思い描きながら形をつくります。

水のかたち［2年生］

決まった形のないもの

「みんな、水を知っている？」と投げかけると、

「知ってるよ。水道から出てくるよ」

「飲んだよ」

と話は続きます。

「そうだね、毎日みんなは、水を飲んだり、水で手を洗ったりしているので、よく知っているよね。どんな水があるか、みんなで話してみよう」

と提案しました。

「水道の水」「川」「海」「池の水」「湖」「滝」「雨」「雪？」「ヒョウ？」「水溜まり」「ダム」「井戸」「下水」……。

子どもはどんどん声に出していくので、手をあげて順番に発言してもらいます。

子どもたちから出てきた水を板書してみます。黒板を水にまつわる世界に見立て、場所を選んで書きます。雨は上の方に、ダムに溜まった水は山のあたりに、そこから川が流れるように高さや位置を考え、板書していきます。

このように、授業の導入は水についての話と板書からはじまります。そして、

「今日は、粘土で水をつくってみます」

と提案します。粘土という材料が水になるのでしょうか？水を形にするイメージのきっかけになるように、板書を残しました。さあ、どうなっていくのでしょうか？

「材料は粘土です。1年生で購入した緑色の粘土です。そして粘土べらと手を使って、つくります」

子どもは、水そのものを表すためにどうしたらいいのか考えています。黒板を見て、さっと決めてつくりはじめる子ども、周りを見回してつくりはじめる子ども、悩んでいる子どもがいます。つくりはじめている子どもの邪魔にならないように、

「水は流れているので、形はないかもしれないね。でも水が入っているところを考えるといいですね。水はそこに溜まって形になるよ」

つまり、水はとどまると形になるけれども、水そのものは流れてしまうということを伝えます。

油粘土を選んだ理由

粘土にも、油粘土、軽量粘土、紙粘土、土粘土、焼成用粘土など種類はいろいろあります。この実践では、油粘土を材料にしました。

油粘土を選んだ理由は、いかようにも形を変える、繊細な表現にも対応できる質感、色や粘土のつやも水のイメージに結びつきやすいというよさがあるからです。また、子どもにとっては、何度でも形を変えることができるということ、何度でも使えるということが気持ちを軽くして、のびのびとした活動を保障します。

主材料を油粘土に決める過程では、

「緑色の粘土と水のイメージがつながるのか？」

「粘土板の色を考えたら、白い粘土の方がいいのではないか？」

「他にも紙など子どもが使い慣れた材料があってもいいのではないか？」

など、考え、迷いました。しかし、粘土板の上で油粘土を伸ばすと、子どもの体温で粘土が軟らかくなり、指の跡をつけることができます。指でつまむと、粘土が立ち上がります。水をつくろうと思って手を動かすと、不思議と水の動きと重なってきます。子どもは、思い描いた水のイメージにつながるように手や指を動かしながら、形を見ながら探ります。

「よし、この感じがいい」

となると、その感じをもとに自分の水を表現できるでしょう。このように子どもの姿を想定し、油粘土にすることにしました。

毎日見ている水だから

Kくんは、水を表すために水道の蛇口を思いつき、水場に行って蛇口を観察していました。つくってみたい水は水道水だったのです。

「今日の主役は水だよ。そうか、蛇口から出ている水なんだね」

と聞いてみると、

「うん、そうだよ。まずは、これをつくってから」

と答えてくれました。

蛇口から勢いよく水が出ています。この勢いを表すために、粘土板の上の水は広がっています。そして、水滴をつくり、水がシンクの表面に当たった瞬間も表現しました（116ページ）。毎日見ている水だから、毎日触れている水だから、強いイメージをもちながら粘土で形をつくりました。指で伸ばし、広がる形を探りながら、「水のかたち」をつくりきりました。

テーマを「水」とした本題材では、水それ自体は形をとどめることがないので、粘土板の上には子どもがイメージした水が

Oさんの水のかたち。水筒のふたを開けると、中から水が出てきた。

無限に現れます。子どもは、どのように表したら「水だ」と感じるのか自分に問いかけ、表現しています。「これでいい」と感じたとき、子どもは「できた！」を決めます。

図画工作の時間には、自分で決断する勇気と喜びが交差しています。

「先生！　これ何だと思う？」

と、Oさんが笑顔で私の目の前に差し出します。

向きを変えてもらいながら、よく見ます。

「水のかたちだよねー。水というよりは、なにか物のように見えるけど」

「そうだよ」と、Oさんは嬉しそうに私を見ています。

この大きさだと、中に空洞がありそうだと推理しながら、首をかしげて考えていると、Oさんは上についている粘土の塊を取って見せてくれました。やはり中は空洞になっていました。

「あっ、もしかしたら……」

「もしかしたら？」

「中に水が入っているでしょ？」

にっこり笑ったOさんは、頷いて手に持った粘土を傾けました。なんと中から粘土でつくった、「水のかたち」が出てくるではありませんか。

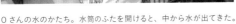

「どう？」

「もちろん、わかった。水筒！」

笑ってOさんは頷きました。

ここで驚いたのは、「水筒の水」をつくろうとしたOさんの、ユーモアも感じさせるアイデアと、そのアイデアを粘土で形にしたことです。Oさんは中に入っている「水のかたち」を考え、つくりきりました。

もう一つの驚きは、私に見せるときの方法です。驚かせるためのプレゼンテーションとも取れる、絶妙な間合いです。相手の関心を十分に引き寄せ、「オー！」と感動を与えるような見せ方をしています。

再び、成長をみる

この実践を、幼児教育に携わる先生方にお話ししたことがあります。そのとき、「水遊びなどの体験をして、そこから活動がはじまったのですか？」という質問がありました（子どもと保育実践研究会夏期全国大会2012）。「幼児ですと、実際に水遊びをしてから絵を描いたりつくったりします」と話が続きました。

低学年の子どもたちは、粘土で水をつくるとき、これまでの経験に基づいて水のイメージをもち、造形とつなげることをしています。そのときに実際の水に触れてもいいのですが、低学年の子どもはこれまでの経験と想像力で活動への意欲をもち、どのようなことができるのか期待を膨らませ、つくることができるのです。

「そうか、小学生と授業をしているときには当たり前に思っているようなことが、子どもにとっては大きな成長なのかもしれない」

と気づきました。このような子どもの姿は、幼児教育からすると大きな成長なのです。図画工作の時間に、自分の感覚を働かせながら、造形を介して成長する姿を見せているのです。

それは、何かができるようになったということもあるかもしれませんが、そこで考えたこと、形や色に表し、そこから判断したこと、そして作品をつくりきる過程の中で子どもは成長しているのです。材料へのアプローチの仕方から、働かせている諸感覚やその道筋自体も、子どもは創造しています。

自分の体を通して世界に働きかけ、判断し、価値づけることで、自分自身をよりよい自分へ成長させているのです。

最初に紹介したKくんの「水のかたち」は水道水でした。流れはじける水を形にしました。実際に水道の蛇口を確かめて、がっちりとした蛇口をつくりました。そこから出てくる水は勢いよく出ています。粘土が本当の水になったようです。

Kくんは水を形にしていくとき、つくりながら水が流れる形や、水のつやを考え、手を動かしていました。イメージを実現させるためにどのようにつくっていくか、見て考えるという自分なりの方法を見いだしています。

Oさんは「水のかたち」から、誰も考えないであろう水筒の水をつくりました。

図画工作の時間は周りに友だちがいます。見渡せば、

「みんな、いろいろな水をつくっているな。あっ、水筒をつくっている友だちがいない」

と、気づきます。そうしてOさんは、どのようにつくったら「水のかたち」を表すことができるのか考えました。出てくる水というイメージをもち、つくり方を工夫しています。

「中から水が出てきたら……、もしかしたら……みんな驚くかもしれないな」

と、楽しさが膨らんできたのではないでしょうか。

KくんもOさんも、このように心が震えるような感情と作品とを共振させながら、思いもよらない力を発揮しています。子

どもが夢中になっているときは、自分でも気づかないような発想に、楽しさを止めることができないようです。
対象と子ども自身が溶け合うような一体感をもっているのだと感じます。

子どもの全てを教師が見ているわけではありません。でも、ときどき全体を見渡してみてください。何かに没頭している子どもがいるはずです
子どもが没頭している姿には、子どもの成長につながる何かが起きていると思って見守ります。子どもと目が合ったときは、こっそり聞いてみると、きっといいことを教えてくれるはずです。教えてもらった見方で子どもや作品を見ると、教師自身にも発見があるはずです。
このすてきな時間そのものが、子どもにとっても教師にとっても、成長となります。

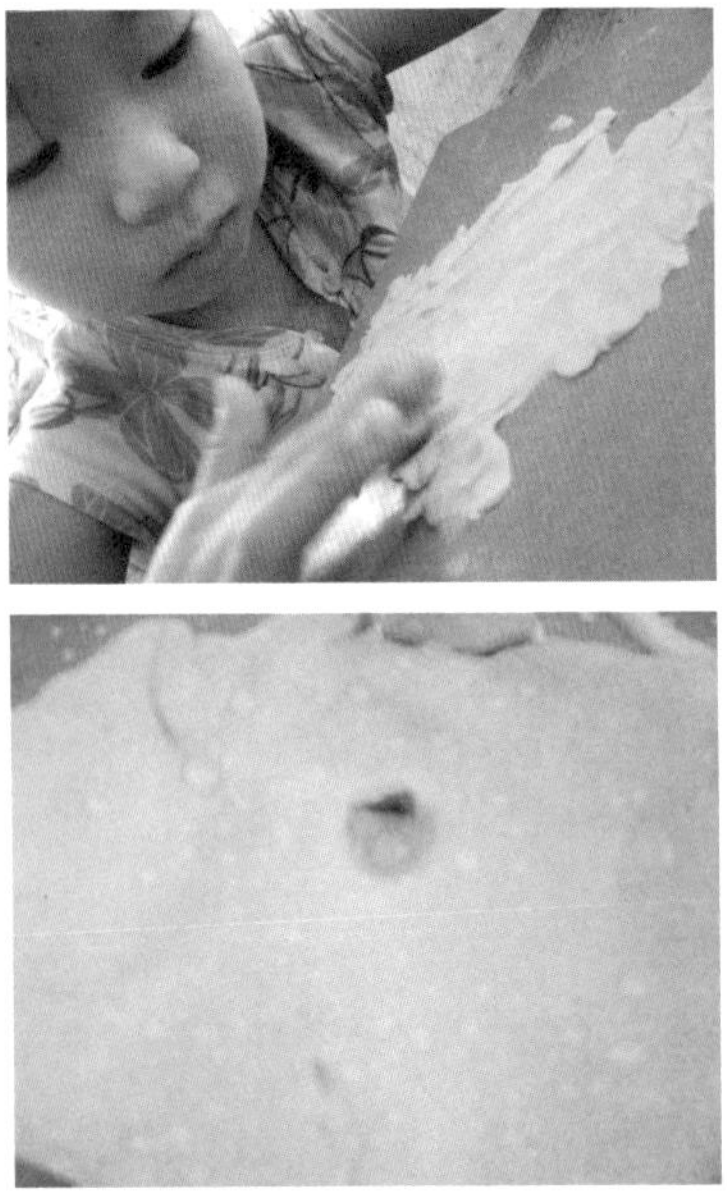

水道で手をぬらしたＮさん。どうするのか見ていると、粘土の表面に水滴を飛び散らせた。Ｎさんは、少しの勇気をもってやってみた。誰も見たことのない、粘土と水でつくった「水のかたち」となった。

Kくんの「水のかたち」は水道水である。シンクの表面に飛び散る水しぶきをつくった。

「自分の力でものを価値づける 自分を価値づける」

世の中にはたくさんの「もの」があります。そのほとんどが、用途によって素材が選ばれ、形態がつくられています。また、機能をもち、デザインが施されています。私たちの身の回りには形や色があふれています。

木、土、水、紙、絵の具、クレヨンなどは日常的に図画工作で使う材料として用意しています。

用途をもった材料を使うときは、それを集めることからはじめます。中学年の題材「ONE BOX CAR」の中心材料となるのは、段ボール箱です。

たった一つの箱から自分だけのすてきな車をつくる題材です。

ONE BOX CAR［2年生］

子どもの活動を保証する材料を選ぶ

子どもの活動を充実させるために、教師には材料を十分に吟味するという役割があります。この題材では、

「みんな同じ、たった一つの段ボール箱から、自分の手で用具を使って、切ったり、貼ったり、折り曲げたり、色を塗ったり、工夫をして、自分だけのすてきな車をつくり、友だちと一緒に楽しく運転し、お互いのよさを見合う」

という目標があります。子どもたち一人一人が自分の活動を充実させて車をつくりきり、楽しく運転するところまで満足できる大きさと丈夫さを保証することが、題材を成立させるポイントになります。

そこで材料となる段ボール箱は、重たいペットボトル飲料が六本から九本入っているものが、大きさも強度の面からも最適であると考えました。題材を実施する3週間ほど前に、一人一つの段ボール箱を用意することを子どもたちに伝えます。それと同時に、どのようにすれば手に入れることができるのか、アイデアを出し合いました。子どもたちは、コンビニやドラッグストア、スーパーにある段ボール箱をもらえることを知っていました。子どもたちは自分でもらいに行くか、保護者と一緒にもらいに行くか、保護者にもらってきてもらうのか考えます。資源ゴミの日にも段ボール箱が出てくることも知っています。どのように子どもたちが用意するのか、楽しみになりました。

授業当日、子どもたちは、持ってこられない友だちの分も用意するなどの工夫をし、全員が段ボール箱を持って図工室に入ってきました。

授業の最初に、持ってきやすいようにたたんであった段ボールを立体に戻します。この行程の一手間が、平らな段ボール板を立体的な箱に変えるという経験になります。この経験は、後の立体の展開図をつくる算数の学習につながる内容ではありますが、ここではあくまで感覚としての体験と位置づけています。

そして、大きさや量感をもっと豊かに感じるように、

「どこにタイヤをつけるか、段ボール箱をひっくり返しながら考

えてみましょう」

と問いかけます。立方体ではない箱なので、車のイメージをもとに向きを変えて見ること、それだけで子どもは形への意識を高めていきます。

車になる段ボール箱　車に乗る子どもたち

子どもがONE BOX CARをつくっているときは、できるだけ説明の言葉を車に関する言葉に変換しながら話をします。

例えば、車が完成したときに書く振返りシートを「ONE BOX CAR専用免許証」と名づけます。

「この免許証を取得するためには、試験があります」

と伝えます。試験という言葉を使うと、子どもたちは「合格するかなー」と心配そうな顔つきになるので、

「図工の試験なので、写真の代わりに似顔絵を描きます。交通ルールを覚えてもらいます。壊れたときに修理ができないと困るので、特徴を書いてもらいます。このような試験なので大丈夫です」

と話します。最後に、

「自分の車なので、修理は自分でやりますよ」

とつけ加えます。また、作品を保管する場所を「駐車場」と呼びます。駐車場には、地下駐車場もあります。これは机の上と下を分けて呼んでいます。

このように話をすると、子どもたちもその気になり、車をつくりながら運転することを考えはじめます。子どもたちはイメージを広げて車の機能を考え、自分が車に乗ること、車に乗って楽しんでいるイメージをもち、つくることに向かいます。

段ボールカッターと子どもの感覚

本校では、はじめて段ボールカッターを使うのは、低学年の造形遊びの題材です。このときに、どんどん切る体験をするといいです。

●どのように使うと切れ味がいいのか？
●どのくらいの力加減が必要か？
●手の位置は？
●どのように押さえると切りやすいのか？

など、安全指導や使い方などの指導もします。実際に段ボール箱を切ったときの手応えを、手で、目で、体で、自分の感覚を総動員してつかみ取ることで、自分のものになります。用具の扱いは、体験して自分の感覚を働かせることで、自分の力になります。

自転車に乗れたときもそうでしたね。何度も転んで、それでも乗りたいので繰り返します。あるとき、乗ることができる感覚を体でつかむと、もう転ぶような乗り方ができなくなります。

指導すべきことを押さえ、子どもの活動を十分に保証するように計画を立てます。

段ボール箱に頭を突っ込み、窓の光を感じる

車に乗るというイメージをもつと、あちこちで自分の車や友だちの車に頭を突っ込んでいる子どもの姿を目にします。

子どもはこのように体を動かして、つくったものを知ろうとするのです。

大人になると、これまでに経験したことに結びつけ、頭の中で考え理解します。窓を開ければ箱の中に光が入って明るくな

段ボール箱を抱えて、子どもたちは図工室に入ってくる。自分で抱えることで、車の大きさを感じ取っている。教室から図工室に移動するそのわずかな時間にも、車のイメージをもつことで意欲を高める。

るということが、頭を突っ込まなくてもわかります。

しかし、子どもは、それがどのようなことなのか躊躇せずに自分の体で感じ取ろう、どんな感じなのか知ろうとします。

そこには、

「わー、光が入る。窓みたい」

といった感動を伴った発見があります。大人はなぜ、このようなことをしないのでしょうか？　子どものころ経験して知っていることだからです。でも、もしかしたら、子どもと同じようにやってみることで新しい発見があり、それが潜在意識に響いて世の中の見え方が変わるかもしれません。

私たち大人もかつてそうしてきたように、子どもは体全体で感じたこと、考えたことから試し、うまくいかないこと、うまくいったことの経験を積み重ねながら、自分自身をつくっているのです。

自分でつくった車は自分で運転する、修理もできる

「ONE BOX CAR」の醍醐味は、できた車を自分で運転するところにあります。子どもは、運転ができるということを想像し、自分が運転している姿を思い描きながら、自分だけのすてきな車をつくります。

「ONE BOX CAR 専用免許証」を無事に取得できるか、子どもたちがあまりにも心配するので、

「自分でつくった車なので、自分で修理できるように車のことをよく知るための試験です。みんなはとてもがんばってつくっていたので大丈夫です。それから、安全に運転するために事故が

起きないようにルールを覚えてもらいます」

と、私は真剣な顔で話します。

安全のルールとして、時速5㎞という速度制限をつけています。早歩き程度の速度です。あまり速く走らせると、軸に使っている竹ひごが折れること、友だちの車とぶつかると事故になることを話します。また、走行中に壊れた場合は自分で修理ができることを話し、安全運転を確認し、子どもたちは試運転に出かけます。


子どもたちは嬉しくて、ついついスピードを出しすぎてしまいます。一生懸命な姿に笑みがこぼれますが、ときどき取り締まりを行い、免許証に点数をつけます。それでもスピードが出てしまうと、やはり竹ひごが折れて、修理することになります。

たった一つの箱からつくった自分だけの車を、子どもたちは運転します。自分も一緒に走り、出来具合を確認します。

つくりきった子どもと車は一体となり、楽しさを乗せて走行します。

子どもがつくりだしたことは

ONE BOX CARは、はじめはみんな同じようなたった一つの箱が、自分自身が考え、イメージし、つくることで自分だけのすてきな車になります。教室にはたくさんの友だちがいるので、一人一人のすてきな車に出会うことができます。一人一人のその人らしい姿がそこにあります。その人のすてきな姿が車とともに存在しています。
この授業を参観していた先生方は、このような発見をしました。

「外側は車であるけど、内側のイメージが重なり、家のような車、遊び場のような車、お店の車にもなる。そのように発想し、つくる活動も含めて、ONE BOX CARは動くアートだ！」

「動く絵画のように見える」

「車という形態に、絵を描くようにつくっていた」

「車を開発するようにアイデアを乗せたり、つくりながら動く絵本のように物語を創造したりしていた」


一人一人の子どもが自分の考えをもち、感覚を働かせ形や色から感じ取り、発想し判断し表現しています。自分がつくった車を友だちと一緒に走らせ、遊びながら鑑賞の力を発揮します。

同じ教室でつくった車は、もうただの段ボール箱ではありません。子どもは自分の体を通して、そのよさを捉えます。子どもの体の動き、子どもの時間の捉え、子どもらしさが、ONE BOX CARとともに際立ちます。


図画工作の時間は、形や色などから造形を伴う活動を繰り返します。当たり前のことですが、子どもたちは自分で考え、自分で決めて判断し、自分の力でつくりきることをします。友だちとの関わりから発見もしています。目の前には作品が、確かな活動の証として残ります。この作品は子どもそのもので、形に残らなかった活動も含めて、一人一人の成長の証です。

「もっと楽しいものにしよう」

「どうすればできるのかな?」

こんなにすてきなことができたという喜びは、自分自身で課題をもち、それを乗り越える力につながります。

2　1
3

1. 箱を見ながら考えている。扉を開いた内側に気づき、イメージを広げながらどのようにつくるか模索している。
2. 作品を保管する駐車場である。机の上と下があり、下は地下駐車場と呼んでいる。完成前の作品をいつでも見ることができる。
3. 段ボールに頭を突っ込み、開けた窓からの光を感じる。

COLUMN 8

Tくんの放課後

「僕ね、今日は学童ないので、もっと絵を描きたいから残って絵を描きます」

図画工作の授業で絵を描いた後、Tくんはそう伝えにきました。

「あっ、そうなの？　もう一枚描くの？　今日は会議もないから残ることができるよ。でも、おうちの人に連絡しないと心配するからね」と伝えると、

「わかった。M先生に電話してもらうから、大丈夫だよ」

と言って教室に戻っていきました。


放課後になりました。Tくんは担任のM先生と一緒に、図工室にやってきました。

「今日、残って絵を描くとTくんが言うのですが、いいのですか？」

「約束しているので大丈夫ですよ。でも、家に連絡を入れないと心配しますよね」

すかさず「先生、電話してください！」とTくん。

「わかった、わかった。電話してくるよ」とM先生。二人の信頼関係を垣間見ました。

M先生はTくんが一生懸命な姿に押されて、電話をかけてくれました。ありがたいことです。

Tくんはさっそく、机に二枚目の新しい画用紙の準備をして絵を描きはじめました。

電話を終えたM先生が戻ってきて、

「電話したから、大丈夫だよ」と声をかけました。


「先生、ありがとう!!」

Tくんは嬉しそうです。

M先生はそのままTくんの前の席（対面）に座っています。とても嬉しそうに、Tくんが絵を描いている姿を見ています。とてもすてきな光景です。Tくんは夢中になっているので無言です。M先生も無言で見ています。

完成した、とM先生に絵を見せています。すかさずTくんは
「先生、もう一枚描きます」

というので、私は時計を見て
「学校に残れる時間は、あと10分しかないけどいいの？」

と聞きました。

「うん、大丈夫。もう一枚描きます」

と三枚目の絵を描きました。M先生は、そのまま、Tくんが絵を描く姿を嬉しそうに見ています。


その後、教育実習生も図工室にやってきました。なんと、私を含め三人でTくんが絵を描く姿を見ていました。

三枚の絵を完成させたTくんは満足して帰りました。M先生、教育実習生、私は三枚の絵を見ながら、絵について話をしました。Tくんについて話をしました。いろいろな発見がありました。とてもいい絵です。大好きな電車を描いています。

TくんとM先生と教育実習生の、放課後の一コマです。誰にとっても、嬉しい時間だったのではないでしょうか。人と人が支え合う静かな時間に、私も幸せな気持ちを味わいました。

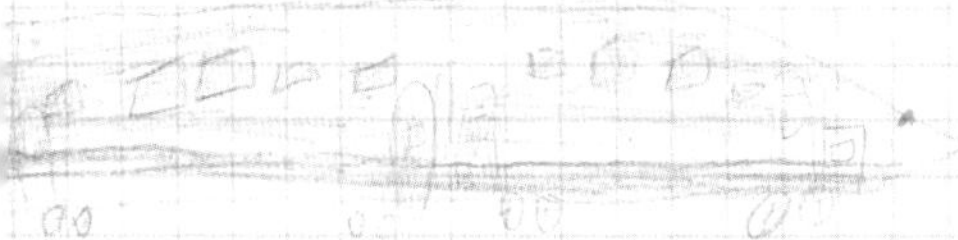

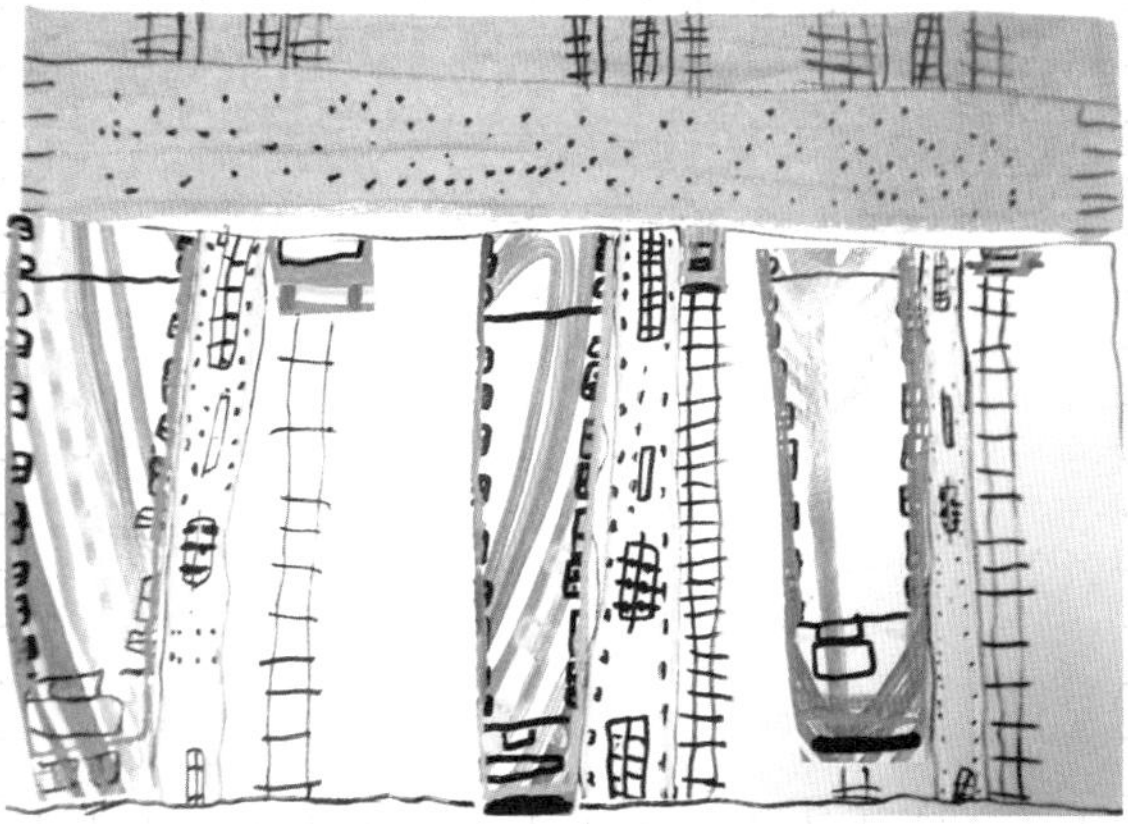

お互いの感覚のよさを感じ取る

これまでにも紹介しましたが、友だちの活動を自分のことのように見ている子どもを見かけることがあります。

同じ空間で、用意された机上の材料や用具を使うとき、はじめは一人一人、自分だったらどのようなことができるのかを考え、活動します。そして周りを見回し、同じようなことに面白さを見いだしている友だちがいると、共感するようにお互いがしていることを見せ合い、一緒に活動をしはじめます。

一人でもできるけど、一緒に活動するともっと新しい発見につながる楽しさを経験してきている子どもは、自然とこのような関係をつくります。教師はそれを想定して、友だちと一緒に活動できるような環境設定をします。

また、高学年にもなると、自分のことだけでなく友だちの活動からも刺激を受け、想像力を働かせ、言葉でそのよさを伝え合いながら活動を展開させていきます。

形や色、動きなどから感じ取ったよさを根拠に判断し、お互いの見方を交流します。このような鑑賞と表現が一体化した活動から、子どもの形や色に対する資質・能力が育まれます。

高学年の題材「水から発見！　色水と容器でつくるいい関係」は、水の可能性を形や色で表し、面白さやよさに加えて美しさと向き合い、何度でもつくりかえるという高学年ならでは活動を展開します。

水から発見！色水と容器でつくるいい関係［6年生］

一人一人が「もっと」を追求する

水は、そのものの形を残すことができませんが、入れ物や場所に存在を残すことはできます。

風もそうです。風そのものの形を見ることはできませんが、物を通して風があることを見ることができます。木の枝を見て、風の強さを感じます。物にぶつかると音が聞こえます。もちろん、外にいれば自分自身の体で風を感じます。風そのものを見ることはできませんが、物を介して風が形になります。

水は見ることも触ることもできます。

この題材では、色水と容器が出会うことで形がつくられ、色が変化していきます。子どもはその様子を楽しみながら、つくったり、発見したりを繰り返します。

「もっときれいな色が見たい」

「もっと面白い色水と容器の組合せをつくりたい」

という欲求をもちながら、自分の見方や感じ方を深め、友だちとつながっていきます。

一人でできること　協力してできること

班に一台、デジタルカメラを用意しました。カメラが一台なので、譲り合い、手助けをしながら撮影する活動を誘発します。

机上に様々な用具や材料を用意しておくのも同じ意図があり

水そのものは液体なので、同じ形にとどまることはなく、姿を変えて流れていく。くぼみや入れ物があれば、そこにとどまることができる。

1

I. Yくんの活動。
2. 何度も鏡の角度を調整していたIさん。授業後半に撮影した写真にコメントを加え、スライドショーで紹介する。
3. Yくんの活動に友だちが共鳴し、Iさんも自然と活動に加わった。

2

3

ます。「一緒に協力して活動します」と提案をしなくても、子どもはよりよい活動にしようと思っているので、
「一人でもできること」
「一緒に協力しなくてはできないこと」
を自ら判断し、取り入れて活動します。

一人一人の活動が共鳴する

子どもたちが囲んでいる中心には、スポイトでつくった水滴が並んでいます。同じ机上には、色を少しずつ変えた色水を容器に入れて並べている子どもがいます。お互いの活動が交差することもありますが、そのよさをお互いに受け入れながら活動しています。ライトで光をつくり、ミラーシートで光を反射させている子どもたちがいます。「もっとすてきに見えるようにしたい」という気持ちで一人一人の活動が共鳴しています。

一人一人の思いや活動を読み取ることで、子どもが働かせている資質・能力が見えてきます。

自然に友だちが活動に加わっていることを嬉しく思ったYくんは、この活動を『色水とビニールがつくる幻想的な宝石屋さん』(右ページ)と名づけ、次のように感想を書いています。

「ビニールの上で水滴をスポイトでたらすと、はじいていい感じにふくらんだ。光を当てると宝石のように輝いて見えた。いろいろな角度で写真を撮ると違った形に見え、とっても楽しかった。水滴の中によく見ると友だちがうつっていた。きれいに反射していた」

Yくんと同じグループのIさんは、何度もミラーの角度を調整し、水滴に反射する光の様子を確認しています。カメラの位置や向きも変えながら、何枚かの写真を撮影しました。

子どものまなざしから想像してみましょう。何を感じ取り、シャッターチャンスをねらっているのでしょうか?

『宝石のような水』と、この活動をIさんは名づけました。

「机をたたくと水がゆれて面白い! 水を水滴にしてライトを当てると、宝石のように輝く。友だちがミラーシートを持って周りに集まると、水族館のようになった。ライトを浮かばせる。すごく近づけて写真を撮ると、光が反射してきれい」

と、ワークシートに記述していました。

Iさんの、「よし、ここだ!」というシャッターチャンスをねらっている真剣なまなざしが印象的です。

光の効果を探る

この題材では、光が重要な要素の一つとなります。色水や透明容器は光を透過させ、きらきら輝きます。教室では蛍光灯や手元ライト、ミラーシートを使い、光を活用して効果的に見る方法を探っていました。

天候によって左右されますが、屋外を活動場所にする計画を立てることもできます。太陽光だけでなく、水の扱い方も教室ではできないようなダイナミックな方法で挑みます。

ここでも、発見した美しさや面白さをデジタルカメラで撮影していきます。

見つけたよさを共有する

子どもが撮影した写真は、授業後半に、スライドショーで紹介します。

写真をモニターに映し出し、ワークシートに記述した「感じ

Iさんが撮影した一枚。

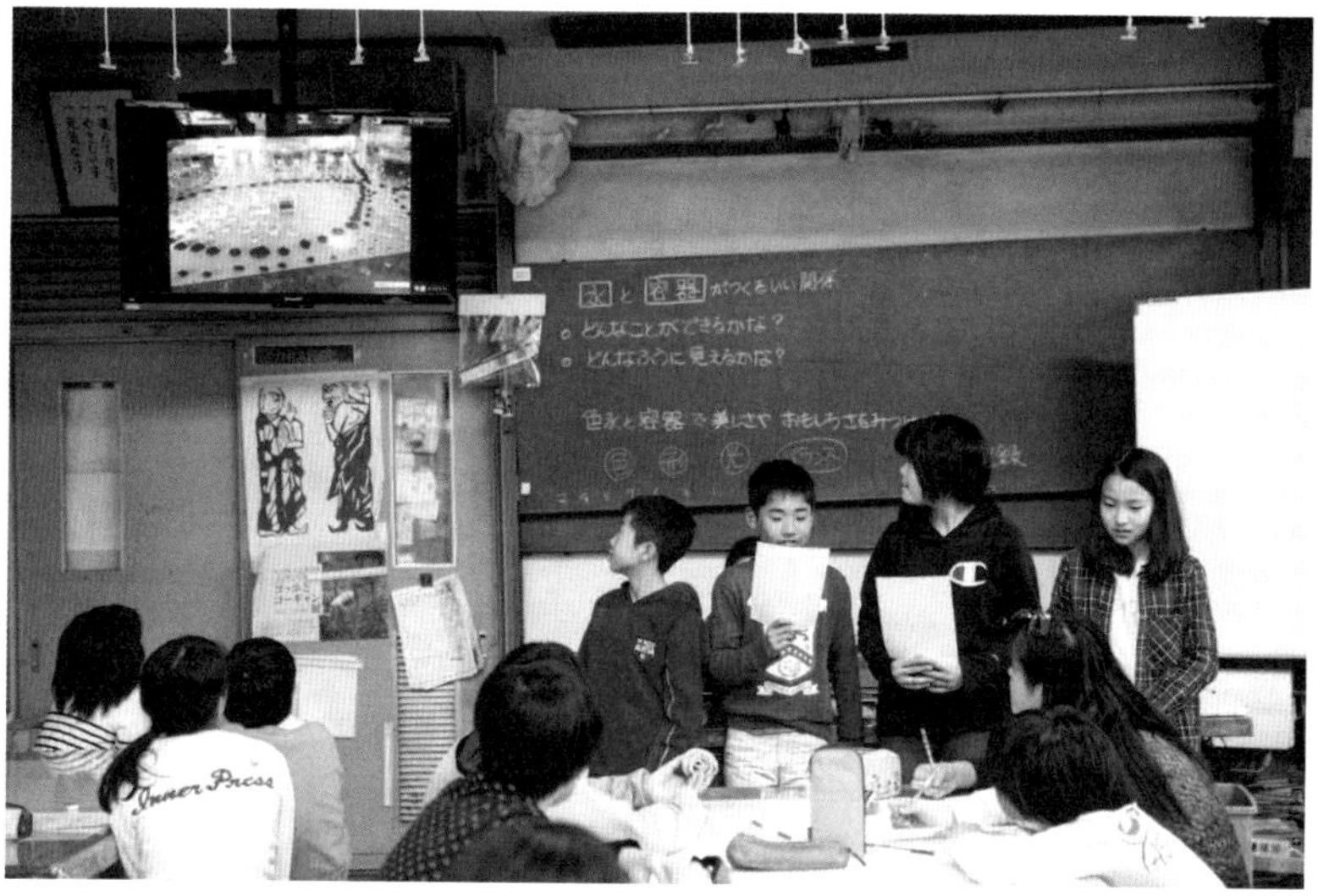

撮影した画像をモニターにスライドショーで映し出す。ワークシートに記述した「感じたこと」「見つけたよさ」を自分の言葉で全員紹介する。友だちの発表を聞きながら、モニターの画像を見て、気づいたよさや、発見した色合いや工夫をワークシートに記述する。同じように活動しているので、見る目が以前よりも長けている。

たこと」「見つけたよさ」を自分の言葉で全員が紹介します。紹介してもらったお返しに、その写真を見て気づいたよさや美しさを、他の班の子どもたちが発表していきます。

自分の思いをもちつつ、友だちとつながる

友だち同士の活動が重なり合う中で、一人一人の学習を成立させている姿に驚くことがあります。ここでは、90分ほどの活動の一場面を紹介していきます。色水をつくったり、それを容器に入れて組み合わせたり、ライティングを工夫して発見したよさを他の友だちに伝えるために撮影したりする活動を繰り返しながら、つくりあげたものです。

ここにたどりつくまでに、

「すてきに見えるには？」
「もう少し色を変えてみたい」

などの試行錯誤がありました。

- ●繊細な色の違いへの関心をもち、それをつくり試し、そのよさを感じ取ろうとしている。
- ●もっと色を変えることができるのではないか？　と考えている。関心と見る力がつながっているので、実際の活動でそのイメージをもとに活動し、実現している。
- ●色を混ぜることから、透過性、変化、組合せのよさを見つけ、繰り返し活動を続けている。
- ●視点を変えて見ることで、見え方が変わることに気づいている。
- ●写真を撮ることで、より美しく面白く見える位置を探っている。
- ●ミラーシートを使い、光を反射させることで変化する輝き具合と、輝かせたい位置を見つけている。

このように一人一人が発想をもとに試行錯誤し、発見したことがお互いを刺激し合い、自然に友だち同士の関わりが生まれ、一緒に活動しはじめます。そこでは、子ども一人一人が自分の感覚と思いをもちつつ、一人ではできない活動を展開する姿がありました。

- ●造形活動を通して、友だちとよりよい関係を見いだしている。
- ●自分ができることで一緒に活動をし、主体的にそのよさを探っている。
- ●デジタルカメラを使って順番に写真を撮っている。自分の目で確かめ、それぞれがいいと思う位置や高さを決めて撮った画像を、友だちと一緒に確認し合っている。
- ●友だちの活動を、まるで自分の活動のように自分の見方でそのよさや面白さを見つけている。

このような子どもの活動では、友だちは自分に刺激を与えてくれる存在であると同時に、自分も友だちに刺激を与えている存在なのです。それを体験的に理解できるからこそ、一人一人の子どもが自信をもち、お互いを尊重し合いながら活動しているのです。

また、友だちのつくったものを見て、その場でしかできないようなイメージをもち、自らの活動をつくりつくりかえ、同じ空間でそれぞれの出来事をつくりだしています。一人一人が「活動の面白さや美しさ」を根拠に考え、表現し、決断しながら活動を展開しています。子どもたちは、

「もっとよりよい活動にしたい」
「もっといいものが見たい」

という気持ちでつながっています。

COLUMN 9

子どものまなざし

5月に入ると、図工室前にあるビオトープで孵化したヤゴの脱皮がはじまりました。ゴールデンウィークが開けた日には、十四匹ほどの抜け殻が菖蒲の葉のあちこちについていました。

6月のある日、一匹のトンボの羽化が始まりました。ヤゴの頭部が割れて萌黄色の頭が出てきました。尾のあたりを左右に動かしている姿に「がんばれ！」と子どもたちから声援があがりましたが、そのまま動かなくなってしまいました。がっかりしていたそのとき、

「先生！　もう一匹出てきたよ。ほら、もっと左だよ。あっ、葉っぱにつかまった」

もう一匹のヤゴが池から這い上がってきていました。今度こそと、子どもたちは祈るようにまなざしを向けます。子どもたちの目は釘づけとなり、羽化が成功するよう応援しながら、

「トンボの羽化はなかなか成功しないんだよ。でも、今度こそきっと成功するよ」

「同じ日に産んだ卵から孵化したヤゴは同じ日に脱皮するんだよ」

などと話をしています。

そんな話は聞いたことがありませんが、脱皮に成功してほしいという気持ちの勢いを感じました。子どもたちは、一匹目の脱皮が失敗してしまったときのがっかりした気持ちを共有し、状況から判断して、自分なりに解釈をしています。しばらくすると一匹目と同じように頭が出てきました。今度は早いです。

全身抜け出しました。落ちそうになりながら抜け出したトンボが抜け殻につかまっています。じっとその場所にとどまったままで、羽はたたんだままです（写真1）。すると一人の子どもが、「落ちちゃうよ！　どうしよう。そうだ、紙を浮かべておこう！」（写真2）

と、図工室から小さな画用紙を持ってきました。そして、トンボに触れないようにそっと水に浮かべています。

「羽の色が変わってきたよ」

「これは、卵管があるから雌だよ。卵を産みに戻ってくるといいな」

「完全変態かな？　不完全変態かな？」

「あっ！　羽の色が濃くなったよ」

子どもたちのまなざしをさえぎるように、チャイムが鳴りました。学校は授業も休み時間も、時間で設定されています。トンボを見ていた子どもたちは残念な気持ちを背中に残して、他の子どもたちにまぎれ、教室に戻りました。

私も授業があるので図工室に入り、窓からときどきトンボの様子を眺めていました。

その後、子どもたちの下校に合わせるように、トンボは無事に飛び立ちました（写真3）。

池に戻った子どもたちは、葉っぱにしがみついた抜け殻だけを見ました。無事に飛び立ったトンボに会うことはできませんでした。

「きっと、卵を産みに戻ってくるよ」

「じゃー来年はたくさんヤゴが生まれるね」

子どもたちの気持ちは前に進んでいます。

私は図画工作科の専科教諭なので、主に図画工作の時間に、造形活動を通して子どもの成長を感じ取っています。私が子どもと接しているのは、ほんの一部の時間です。子どもは学校、家庭、地域などの環境の中で日々成長しています。

　2020年、誰もが経験したことのない状況の中、学校もいまだ見たことのないような日常が訪れました。新型コロナウイルスの猛威により、3月から5月いっぱいまで休校となりました。大きな行事も、縮小されたり中止を余儀なくされたりしました。

　一方で、新入生のために育てられたチューリップは元気に育ちました。校庭の八重桜も見事な花を咲かせ今年も一回り大きく生長しています。飼育委員会がいない間、ウサギは教職員の手で大事に育てられました。この子ども不在の学校でも、自然だけはいつものように季節を巡らせていました。

　小さなビオトープのヤゴも、誰にも見られることなく脱皮を成功させ、トンボとなって飛び立ちました。

　毎年繰り返す校庭の春の姿です。子どもたちは今年、校庭の春を感じることはありませんでしたが、そこにある自然は何事もなかったように春を迎えました。

　6月に入り、学校が再開しました。池に棲む生物や昆虫が好きな子どもたちは休み時間に池をのぞき、手を入れてヤゴを探しています。トンボが飛んでくると、卵を産むのか注意深く観察していました。

　昨年（2019年）5月に「きっとこの池に卵を産みに戻ってくるよ」と語っていた子どもは、5年生になりました。

1

2

3

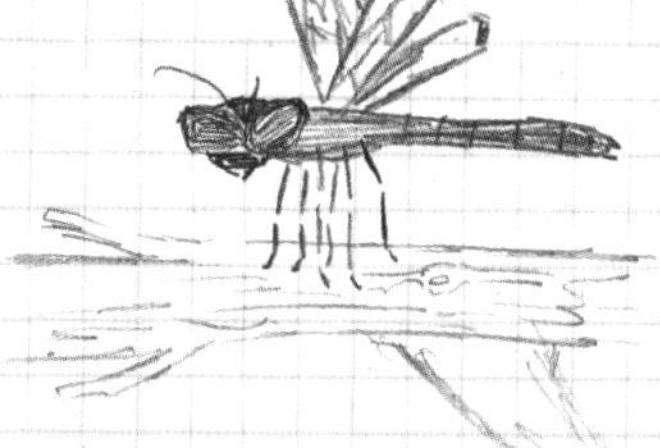

6
CHAPTER

教師は子どもとともに成長する

私たち教師は、研究会などで学び合うことができます。座学や書籍、講演会などで学ぶこともできます。

私たちは、社会の中で生きています。自然の変化に心を動かし、文化、芸術などから刺激を受けています。身の回りの全てが私たちの学びを支えています。学校は、子どもたちの学習の場であり、学びの場です。教師にとっても学びの場です。

教師が授業をすることで、子どもたちは学習します。子どもたちの姿を捉え、教師は学びます。

創造的に生きる教師と、創造的に生きる子どもが学習をつくりあげ、教師と子どもは、ともに成長します。

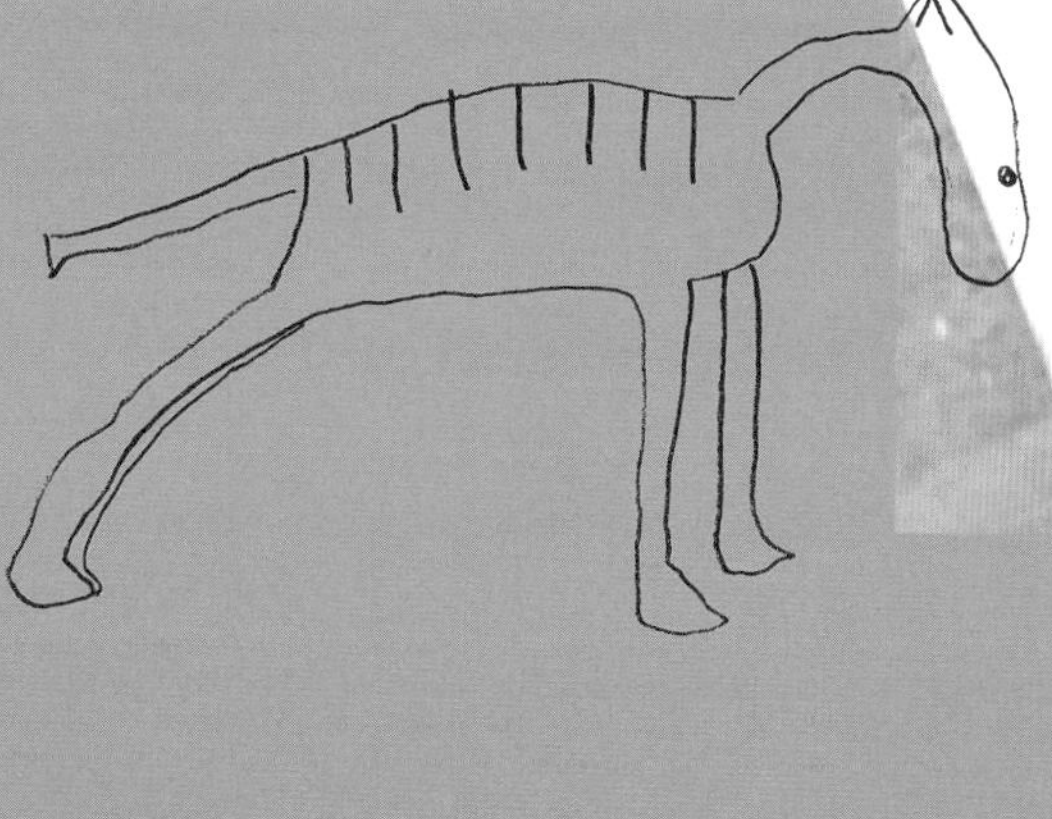

「材料を考え、学びの空間をつくる」

材料の可能性を広げて考える

図画工作で使う材料や用具の種類が一体どのぐらいあるのか、私は数えたことはありませんが、組合せや題材の内容を加味して考えると、無限といってもいいのかもしれません。なんと、大げさなことを言う人だと思われる方もいると思いますが、30年以上も図画工作の授業をしているとそのように思えてきます。

例えば、

「今日使う材料は紙です」と言うことができます。

「今日使う材料は新聞紙です」と言うこともできます。

つやのある紙、色画用紙、大きな紙、細長い紙など、「紙」といってもいろいろなものがあります。「一緒でいいじゃないか」と思われる方もいるかもしれませんが、題材を考えるときは、この違いはとても重要です。

つやのある紙に絵を描く題材を考えたら、描画材を何にするか考え、用意します。大きな新聞紙を材料とした題材を考えたら、子どもが活動するために必要な用具は何か考え、用意します。材料は子どもが活動するときに使うものであり、子どもの発想や活動を促す力も持ち合わせています。また、材料や用具そのものの魅力が、ダイレクトに子どもの気持ちを動かすこともあります。

平成29年度告示の図画工作科の学習指導要領（低学年）を見ると、「この時期の児童が関心や意欲をもつ、扱いやすい身近な材料」が示されています。具体的には、

「自然物としては、土、粘土、砂、小石、木の葉、小枝、木の実、貝殻、雪や氷、水など、学校や地域の実態に応じた様々な材料が考えられる。人工物としては、新聞紙、段ボール、布、ビニル袋やシート、包装材、紙袋、縄やひも、空き箱などが考えられる。クレヨン、パス、共用絵の具などは用具であるが、形や色をもつ材料の一つとして考えることができる」

とあります。また、用具については、手や体全体の感覚を働かせることを押さえた上で、

「用具は、はさみ、のり、簡単な小刀類などの児童が身近で扱いやすい切断や接合、接着ができる用具などのことである」と書かれています。

これらの材料は、物として分類された名称ですが、子どもは分類されたものとしての意味を簡単に超えていきます。

細かく削られた木と、電動糸のこぎりで木を切ったときの削りかすはよく似た形状に見えますが、子どもはそれぞれを違う材料として認識し、選ぶことがあります。粘土を使った造形遊びでは、粘土のケースや粘土板、粘土べらでさえ、思い描いた世界を実現させるために、材料として使うこともあります。

身の回りにある物は、いつでも材料になり得る可能性があるのです。

図工の財産はいつでもどこにでも

私は、図画工作で使う材料を「図工の財産」という呼び方をしています。どんなに小さな紙でも、捨てられそうになった箱でも、自分の手で形を変えたり、そこにある色や模様がすてきに思えたりしたとき、図画工作の時間には宝物のような材料になります。

物にはたいてい用途があります。人工物はそのものに意味合いをもたせ、デザインされたものです。自然物も通り過ぎてしまえば自然の中にあるものですが、足を止め、「いい形だ」「すてきな色だ」と心に響いたら宝物になります。自分の目で見て、感じて、それが材料になったら、自分だけの財産です。そんな、自分にとって価値ある材料を見つける力は、見る力、見つける力、見立てる力につながります。そして、この力は図画工作の時間だけでなく、日常的に発揮できる大切な力です。

図工室の掃除の時間には、子どもたちから「これは財産だね」と、普段ゴミとして捨てられるような小さな宝物が集まってきます。掃除当番の子どもたちが、違う学年の授業の後に清掃する様子を見ていると、針金のかけらも、落とし物のビーズも、毛糸の切れ端も「これは使える」と嬉しそうにしています。

自分にとって価値あるものを見つける、「自分で働きかけたら面白そう」という思考が働く、そんな力をもつこと、その力こそが財産です。

環境について考える

本校がある地域には、東京スカイツリーがあります。国内、海外から大勢の観光客が訪れる街になり、時間とともに風景も変わってきました。

公共機関は、観光に訪れる大勢の人々を迎え入れるために整備を進めてきました。学校の前の通りは無電柱化事業により、電線は地中に移設され、見晴らしがよくなりました。歩道もタイル敷きになり、幅も広がりました。ガードレールが撤去されて街路樹とプランターが設置され、年間通していつでも花が咲いています。校舎の外壁も塗装が施され、晴れやかなイメージに変わりました。

数年前、5年生の子どもたちとともに、校内の一角にビオトープをつくりました。ここでは生き物の命を中心にしたつながりが生まれています。小さなビオトープですが、限りない種類、限りない数の命が育まれています。この命の循環は、子どもの関心を引きつけます。メダカの誕生、春に一度だけ産卵に現れるアズマヒキガエルやヤゴの姿が、子どもたちの心の躍動に火をつけます。

ビオトープという環境がつくられたことで、魚や微生物が繁殖し、昆虫が集まり、校庭には鳥も立ち寄るようになりました。子どもたちは水の中に手を入れ、メダカやヤゴを探し、菖蒲の葉についた虫を手のひらにのせ、命そのものを感じ取っています。

環境がつくられることで、その環境がもつ目的に反応するように世界がつながっていきます。生命には、生きるための命がつながります。経済には経済効果を生み出そうと資本がつながり、生活環境がつくられていきます。どちらも子どもが生活している環境です。

では、図画工作での環境はどうなのでしょうか？私は、この「環境」が、子どもの自発性を伴った学習を生み出す要であると考えています。

さらに、材料や空間だけでなく、教師の存在も子どもが創造力を発揮する環境の一つです。

- 材料や用具は何を選ぶか、量や大きさはどうするのか。
- 子どもの感情が動くような問いかけは？
- 感覚を揺さぶるような出会いは？
- 友だちとの関わりが生まれるような机の配置は？

など、私自身がどう振る舞い、どう子どもと関わるのかも、重要な環境です。子どもが「面白そうだ」「使ってみたい」「きれいだ」「何だろう」「やってみよう」という気持ちになってはじめて、教師が用意した環境が生かされ、子どもと造形との対話が生まれるのです。

授業の前には、教師が時間をかけて十分に考え、題材を練り上げます。それでも、うまくいかないことが多いです。しかし、授業は改善を加えることができるので、子どもと教師はやってみて、お互いに造形感覚を働きかけ合いながら、お互いを感じ取り、学びの場をつくりあげていきます。両者のうち片方の働きかけが一方的に強力である場合は、他方の創造性が萎縮していきます。また、子どもは一人ではありません。子ども同士の造形感覚の交流によってさらなる反応が生まれ、新たな変化をもたらします。

環境とは、子どもの感情を揺さぶり、新しい感覚に響くきっかけのようなものです。子どもの気持ちを揺さぶるようなささやかな出来事です。ささやかであることが大切です。大がかりなものになると、それは教師の脅威のようなもので、子どもは飲み込まれてしまいます。子どもは、自分の力で変えていく、生み出していくことができるので、その可能性を楽しんでいます。ささやかなきっかけの先にある開かれた世界は、子どもの創造力によって無限に広がっていくのです。

子どもとつくる図工室

私の授業を見てくださった先生のお一人からメールをいただきました。

『南さんは、自分の身体と頭脳、つまり全身で、自分の周りの出来事を受け止め、その中で感じたことと考えたことを、子どもたちに、その年齢に合った言葉で投げかけます。

教室は子どもたちが自分たちでつくりあげた教室なので、どのようなことが起こっても「使いこなす」ことができます。

南さんがつぶやくように話す「言葉」をそれぞれが受け止め、自分たちの考えを述べ合って、だんだんに(表現したい)主題が固まっていきます。

南さんが「それじゃあ、それやってみようか」というと、子どもたちは「自分たちの教室」を使いこなし、「私は私」の表現をはじめるのです。

「自分たちの教室(南さんの図工室)」とは、一人一人の子どもにとって、教室の中にあるもの全てが自分の表現のための、材料であり、道具であるという意味です。』

図工室は、学校によって様相が違います。置いてある用具や電動工具、箱に入れられた材料の数々、子どもがいつでも使うことができるスペース、教材として使うであろう棚に並べられた本、机の配置を見ても、授業の内容や子どもの動線が見えてきます。生き生きとした子どもの姿が目に浮かぶ図工室には、子どもたちが使っているという痕跡が見えます。床を見ても、机上を見ても、歴史を感じます。ただ「古い」というだけではなく、絵の具の飛沫や表面についた傷や、柔らかくすり減ったイスや、机のエッジや、床の表面などから感じます。そして、子どもたちが使いやすいように考えられた材料や用具が大切に保管され、配置の工夫がなされています。

教師は常に子どもの活動をシミュレーションし、日頃の子どもの活動から判断し、材料を用意したり、教室の配置を考えたりしています。

この根拠となるところが、子どもなのです。

図工室は、子どもと教師がつくりあげてきたことが、物質や空間として形づくられています。子どもの成長を考える教師の子どもを捉える目が、図工室という環境をつくりだしているのです。

子ども同士が学び合う空間

学校は子ども同士が学び合う空間であると述べてきました。学校は子どもが集まって一緒に学習する場であり、子どもたち一人一人が生活する場です。

子どもの様子を見ていると、友だち同士の距離が近いことがわかります。ぴったりとくっついて、話したり遊んだりします。図画工作の時間に「どうしようかなー、これでいこうかなー」と迷っている子どもは、自然に隣に座っている友だちに話しかけて見てもらっています。たいてい、友だちはいいことを教えてくれるので、迷っている子どもは、背中をもう一押ししてほしいのだということが伝わってきます。

また、筆を置き、友だちの作品を見て歩いている子どももいます。視線を止めてじっくり見て、次の友だちの作品を見ています。絵について、話をしている子どももいます。自分が感じたことや発見したことを伝えたいのです。立ち歩いて見ています。

「じっと座っておしゃべりをしてはいけない」という約束があったとしたら、このような子どもの活動は出てきません。ですが、私は友だちの作品を見に行くことをすすめてはいません。子どもが自ら判断し、自分にとっての発想のきっかけを得るためにそうしているのです。友だちの発想や感覚に触れることで、気づき、自分自身の発想につなげています。感覚を通した、友だちとのよりよい関係をつくっているのです。

子どもはお互いに話し合うことで学習をつくりあげています。しかし、私はときどき、おしゃべりをしないように提案することがあります。自分に向かい、集中しはじめるタイミングがあります。子どもたちの様子を見て、

「今、たくさんの人が集中しているので、まだ決まっていない人も今がチャンスです。おしゃべりはしません」

と話します。これは私の判断です。

私も子どもも、お互いに判断し合いながら、より主体的な学習を成立させるための空間をつくります。

子どもという存在をどう捉えるか

一人一人の子どものペースがある

子どもの姿から、子どもの学びについて分析し研究をされている先生と、このような話をしました。

「南先生の授業での子どもたちは、自分のペースで学んでいる。それは私たちが思っている以上に心地よいことなんでしょうね。だから子どもは、自然。そのまんまなんですね」

このお話は、私に対する問いでもあります。

「この子はのんびりした子どもだ」

「じっくり考えているので時間がいつも足りていないな」

「思いついたことをどんどんやっているけど、つくることが追いつかないようだ」

「今日は、気持ちが乗ってこないな」

「楽しくなると自分自身を押さえることができずに、いつまでも活動しているな」

など、時間をもとにした「ペース」もありますが、ここで語られている「子どものペース」とは、表現に向かう子どもの思考の有りようや、形や色に向かう子どもの手がける方法や流儀のようなものです。子どものペースは、これまでの経験や生活などが織りなされ、子どもの生き方と直結しているものなので、一人一人違うのです。

友だちが思いつかないようなことを、いつでも考えている子どもがいます。私の提案を受け、自分の好きなことに結びつけて楽しんでいる子どもがいます。しばらく材料を触って動かして遊んでいるようですが、じっくり考えている子どもがいます。思いつかないので友だちとおしゃべりしています。が、突然、黙々とつくりはじめる子どもがいます。この日の図工のために、家でいろいろ考えてくる子どもがいます。形や色で表しながら、どんどん思いつき、つくり続ける子どもがいます。

図画工作の学習では、子どもたちは自分で考え、自分で判断し、自分でつくりきることができます。教師は題材の目標をもち、提案をします。そこから子どもたちは、材料や用具を使って形や色などで表し、一人一人が感覚を働かせて表現をはじめます。「きっと、楽しいことや面白いことに出会える」という期待をもって、子どもたちは活動しています。子どもがこのような期待を

もてるのは、表現することで得た感情や手応えを、子ども自身が感じているからです。

表現は、子ども自身の感情が動き、感覚を働かせることからはじまります。表現することは自分自身を表すことです。感情や感覚は自分自身を突き動かすような体験です。教師は、感情や感覚を教えることはできませんが、子どもが感情を伴った感覚を働かせる体験を生み出すようなきっかけや、環境を設定することはできます。一人一人のペースを保証することで、子どもたちは安心して自分自身のまま表現することができます。

自分自身のままとは、自分の感情を動かし、感覚を働かせ、感じたことから発想し、工夫し、自分自身で価値づけし、世界を感じ取っている子どもの姿です。

一人一人のペースを保証するには、まずは教師自身が子どもの感覚と向き合うことです。表現する主体は子どもであり、教師は、子どもが表現に向かう土壌に立てるようなきっかけと環境をつくる重要な立ち位置にいると自覚することです。そのためには教師自身も感覚を研ぎ澄まし、真摯に子どもと同じ方向を向いて感じ取ることが大切です。

きっとできる

できないと思って、「できない！」と訴えてくる子どもには、「できる！」というイメージで試してみることを提案します。

また、「どこにあるの？」「ない、ない」と探し物をしている子どもには「あるよ」と声をかけます。「あったー」というイメージで探すように伝えます。大人でも子どもでも、思い込みででき なくなってしまうことがあるからです。


表現するということは、今ある自分そのものが反映されているといっても過言ではありません。感情や感覚は子どもも大人も今の気分に大きく影響されます。感動だって、気持ちが落ち込んでいるときと気分が晴れやかなときでは違ってくるはずです。

図画工作の時間に、

「どうも、今日はイライラしている」

という子どももいるはずです。それでも、

「楽しいことが起こるのではないか」

「自分の力でいいことが発見できるかも！」

「先週の続きで楽しみにしていた」

といったことが支えになり、落ち込んだ気持ちを乗り越えることができる場合もあります。

教師としては、一人一人の子どもが楽しく学習してほしいという思いで準備をしています。「やってみよう！」「きっとできる」という気持ちには、自分への期待が込められています。

そんな子どもの期待は、

「すてきな自分でありたい」

「いいことに気づきたい」

「きっといい気持ちになれるに違いない」

など、よりよい自分の姿をイメージしているものです。

子どもたちは、そんな気持ちになった経験があると、ちょっとしたことを乗り越え、「まずはやってみよう」という気持ちになります。

この「まずはやってみよう」という気持ちが、子ども自身を後押しします。どうなるかわからないけど、自分への期待をもち、意欲的にスタートできる子どもは、学習に向かう自分自身に力を与えます。

一人一人の子どもの学習を成立させ、評価する

いつもは平らな画面に絵を描いていますが、高学年の題材「凸凹絵画」では画面の表面を凸凹にします。子どもは、はじめに同じ形の段ボール板を受け取ります。支持体となる段ボール板の形も凸凹にしていきます。その凸凹を生かした絵をつくるという題材です。画面は半立体になります。

凸凹は自分自身でカッターを使って段ボール板から切り取ります。切り取った段ボール片は、画面に貼ることで表面も凸凹になります。また、段ボール板の表面の紙を一枚剥がすと、なみなみの面が現れます。触って凸凹、見て凸凹の絵ができてきます。子どもたちは具体的なモチーフを形にしたり、模様のような形を組み合わせたり、自分の感覚を働かせて構成していきます。さらに絵の具での色合いも考え、絵に表します。

『はいきょになったお城』を描いたSくんは、いつもマイペースです。自分の表現のスタイルをもち、まるで芸術家のようです。

Sくんは、カッターで段ボールを切ったり貼ったり、凸凹の感じを捉え組み合わせて画面をつくります。

「あっそうか、切り込みを入れて半立体の塔のような形をつくったのか。凸凹も工夫して表しているな」

と、私は活動の様子を読み取ります。

この凸凹の特徴から感じたことをもとに絵をつくります。Sくんは、はじめは宇宙をイメージし、建物に表現されている形をロケットに表すつもりでした。しかし、画面を見ているうちに、好きな風景を描きたくなったそうです。さらに、木が描かれている凸凹は、はじめは迷路のような形をつくるつもりだったそうです。風景を描くと決めたSくんは、その凸凹の上で器用に筆を動かし、繊細な木を描きました。自分の思い描いたことを貫き通し、表現しましたが、題材の目標の凸凹の形や特徴を生かして形や色などで表現する活動としては、目標とずれているのです。

題材の目標とずれてくる子どもに対して、評価をどうするか教師は悩みます。率直に子どもの活動のよさを感じ取る教師の感性と題材の目標を立て指導している教師の思考が葛藤するのです。このように躊躇し迷うことが現場ではよくあります。

この作品をつくったSくんは絵を描くことが大好きで、友だちも「すごいなー」と認めるほどです。自宅でもノートに絵を描きためているので、ときどき見せてくれます。自分一人でも描きたいことがあるので、思いつくとどんどん描きます。

子どもは、自宅で一人でも絵を描くことができます。学校で図画工作の時間に絵を描くことは、新しい経験を通して自分の表現に挑戦することなのだと思います。

Sくんは、自分で表したいことがいつもあります。自分の世界があります。図画工作の時間には、自分からは選ばないような形や色などの造形要素と出会うことで、どのように表すか考えることになります。また、その活動から出来事を創造する経験をします。

教師は、図画工作の目標に基づいて題材を設定し、子どもの資質・能力を育み、評価します。その題材を通して子どもの成長を読み取る目と、子ども一人一人の特性を捉え、指導を行う目が必要になります。

Sくんに限らず、子ども一人一人に思考のもとになるものがあるはずです。

97・122ページで紹介したTくんも、好きなことがあります。

その好きなことが発想のもとにあります。Tくんは題材を受け入れ、自分自身に新しい発見を見いだし、つくりきります。自分と題材を関連づけ、広がる世界を楽しんでいます。

教師は子どもが夢中になっていることを受け止め、そこで子どもが働かせている資質・能力から成長の姿を題材のめあてにつなげて評価することが大切です。子どもは評価されることで、自分のよさを実感し、もっとすてきな自分になろうと力を発揮します。

教師の評価は子どもの成長に寄り添い、子どものよさを率直に感じ取ることで成り立っているのだと思います。

子どもは伝えたい、知ってほしい

目の前にいる子どもたちは、生きることに一生懸命です。しかし、やる気がなかったり、ふてくされたり、友だちとおしゃべりばかりして、とてもそのようには見えないときもあります。そんなときは、たいてい理由があります。子どもには、そのようになってしまう理由があるのです。

意欲的な行動に向かうエネルギーも、意欲を失う方向に向かうエネルギーも、どちらも同じように一生懸命に働きます。

生きている間、どちらの経験もすることで子どもは成長します。いかに乗り越えていくか、気持ちを切り替えて自分の力にしていくかが、その人の生き方につながっていくものだと思います。

子ども自身気持ちが落ち着かずに、どうにもならなくて時間が必要な場合もあるし、気分を変えて忘れてしまうこともあります。私たち教師はそんな子どもたちを目の当たりにし、一緒に考えたり、悩んだり、喜びを感じたり、思いもよらない発見に驚いたりしながら、教師自身も経験を積み重ねていきますが、自分の力のなさに心を痛めることもあります。

ある日、Bくんが教室を抜け出して図工室に現れました。ぶつぶつ何かを話しています。自分の気持ちが収まらないようです。

この姿を見ただけでも、何かが起きていることを誰でも感じ取ることができます。Bくんは全力で、自分の気持ちを全身で表しています。授業がはじまる時間なので、Bくんは教室に戻

「はいきょになったお城」Sくん

らなくてはなりません。このまま無理矢理戻しても気持ちの切り替えが難しいと判断し、何があったのか、話を聞くことにしました。

子どもの気持ちを落ち着けてから、何が起きたのか詳しく話を聞きました。ときどきわからないことがあったので質問すると、丁寧に教えてくれました。下級生とのトラブルで、自分のよくなかったことも、何に腹を立てているのかも、よくわかっていました。あまりにもすばらしく理解し考えているので、作文用紙に書きとどめてもらいました。

このような場面は学校ではよくあることだと思います。教師は子どもの様子を観察して判断し、手立てを講じるために考えています。

学校はたくさんの子どもが一緒に生活しています。クラスの友だちだけでなく、年齢が違う子どもたちも一緒に生活しています。それぞれ自分の思いをもって行動しているので、ぶつかることもあります。どうしようもなく感情の収まりがつかず、話を聞いてくれる相手を見つけたい気持ちでいっぱいになることだってあります。

トラブルが起こることで、うまく回避したり、解決したりする力もつきます。混乱した感情を落ち着ける力を身につけることもできます。出来事を整理し解決する方法を身につけることもあります。その場では解決できないこともあります。そんなとき、誰かに話を聞いてもらうことで感情のもって行き場所が見つかることがあります。

授業中、休み時間、放課後、給食の時間など学校生活の全ての時間に子どもは全力で生きています。

教師の役割

葛藤と創造を繰り返す

私たち教師は、授業の計画を立て、何度も授業の流れを思い描き、学習の内容や子どもが活動する様子をシミュレーションして授業に臨みます。

実際に授業をしてみると、想定外の子どもの姿を目の当たりにすることがあります。自分の立ち位置が揺らぎ、判断に迷うことがあります。そのたび葛藤をし、反省をします。先ほど、「教師は子どもが表現に向かう土壌に立てるようなきっかけと環境をつくる重要な立ち位置にいると自覚することです」と述べましたが、私自身が授業中、躊躇し迷ったときに反芻する言葉です。

私たち教師は、子どもの何倍もの人生を送っています。何倍もの時間を過ごし、経験もしています。教師は物事が成立する過程を端折っても、頭の中でつなげて、できたような気になってしまいます。結果を思い浮かべながら考えているのです。そこから考え絞り出した言葉は、はたして子どもの感情に到達するのでしょうか？　自問自答し迷います。前進できないときは、一歩戻って、伝えたいことの本質に迫るように努力します。

私たち教師は、授業をして子どもの姿や活動の様子を見て、その手応えを感じ取り、授業を進めます。準備した内容で「うまくいっている」と思えば、子どもの姿に注目する余裕ができます。一人一人の子どもを見れば、活動の様子はそれぞれ違い、いろいろな発見があります。「なぜだろう?」と疑問をもてば、授業の改善に向けて考えることができます。

「子どもは楽しそうに活動しているけれど、今日の題材の目標とは違う方向に進んでいる」と悩み、振り返ることがあります。「子どもたちが困っているな。あいまいな言葉だったのかな?」など、「やってしまった」と痛みを感じることもあります。伝わらなかった言葉を、材料や用具を提示しながら具体的な方法に転じたり、説明を加えてあたふたしたり、慌てたりすることもあります。どんなときでも教師の気づきがあれば、必死に考え手立てを講じることができます。手順や材料を変えることができます。授業の改善です。

今年度（２０２０年）は新型コロナ感染予防対策を取り、いつものように子どもたちを集めて話をしたり、鑑賞したりすることができなくなりました。それでも、子どもたちは友だちの活動が気になります。私も、何とか鑑賞の場面を取り入れたいと思いました。交流することで発想の資質・能力を発揮できるのではないかと、少人数でもできる方法を考えました。この状況下で、子どもたちも今できることを最大限自分の力に変えようという思いに立っていたのでしょう。私と子どもたちの気持ちがかみ合い、一人一人が感じたことを気持ちよく話し、よさや面白さを感じ取って次の活動に生かしていました。このようなことから私は学んでいます。（この題材は99ページ『二つの色からはじまる絵』）

私自身、思い通りにいかないとき、授業で空回りしたときは、目の前にいる子どもたちの一生懸命な姿に申し訳ない思いをしながら、どうすればよかったのか自省するしかありません。このように乗り越えるための課題が突きつけられたとき、創造の力を絞り出し、葛藤し、改善の一手をつかみ取ることができます。自分自身がやってしまったことに気づく力も大切なのです。

経験を積めば、この葛藤がなくなるということはありません。目の前に存在する子どもがいつも同じではないのです。私たちが置かれている状況は学校だけのものではなく、社会の環境下にあるのです。どんなにうまくいった授業を同じように再現しても、同じ結果にはなりません。

子どもは率直に教師が示したことに応えます。子どもは教師が示した行動や環境に応え、教師の創造力を引き出してくれます。率直に今を生きている子どもの姿を受け止め葛藤することが、今生きている教師の成長に力を与えます。子どもの姿を根拠に次の一手を創造することが教師を成長させるのだと思います。

成長に終わりはありません。たどりつくゴールがあるわけでもありません。創造的に子どもと図画工作の時間をつくるという経験の積み重ねが、教師の直観力を育み、授業の質を高めていくのだと思います。

教師の姿が見えなくなるとき

私が行っている授業をたくさんの先生方に見ていただくことがあります。東京都の制度で、指導教諭模範授業を年間三回行っています。模範授業と銘打っていますが、自分が経験し学んだことを授業に取り入れながら、先生方と一緒に学べる場をつくっています。参観者は自分の目で子どもの姿を読み取ります。子どもの中でどのような感覚が働き、造形活動を行っているのか、私が用意した環境との関係などを探っています。

授業を見てくださった先生のお一人から、このようなお話をいただきました。

「南さんの授業を見ていると、途中から先生がどこにいるのか見えなくなります。授業をよく見ていない人には、放任のように捉えられるかもしれませんよ」

このお話が「姿が見えなくなるということがどういうことなのか？」ということを考えるきっかけとなりました。

教師の姿が見えなくなるということは、参観者が指導者の姿を感じなくなるという意味です。授業中、指導者は確かに教室にいて授業をしています。問いかけをしたり、材料を提示したり、全体に必要な手立てを講じているときには、教師に子どもの注目が集まっているので、参観者も子どもと同じように注目していると思います。このようなときは教師の姿を感じているときだと思います。教師が姿を消すのではなく、教師の存在を感じなくなるのは参観者なのです。どうしてそのように思うのかと考えました。

それは、子どもたちが自分の表現に夢中になっているからなのです。つまり、子どもは自分自身と向き合い、考え、感じ、決断し活動を展開させながら、子どもが自ら学習を成立させているのです。夢中になっている子どもの中で教師の姿が見えなくなっているのです。そして、教師と子どもの具体的なやり取りはほとんどなくなります。それゆえ、参観者は教師の存在をほとんど感じなくなるのです。

私たち教師は、子どもたちがより主体的に学習してほしいと願っています。できるだけ早く、子どもが自らイメージをもち、活動を展開してほしいと考え授業を計画しています。しかし、「次はどうしたらいいの？」

「先生、これ使ってもいいですか？」

と、教師の存在をよりどころにしてしまう子どもや、活動が進まない子どもには、その子が自分で考えるための手立てが必要になります。そのような姿を見ると、授業を参観している先生方は「あー、そうか」「先生の、あの一言で子どもはつくりはじめた」と、教師と子どもの具体的な関係を見取り、教師としての振る舞いを感じ取ることになります。

では、子どもが自分の学習を成立させているとき教師は何をしているのでしょうか？

「子どもが何をしようとしているのか？」

「どのようなことに関心をもって活動をしているのか？」

教師は、待つ姿勢と子どもに寄り添う距離をもち、作品や子どもの姿、子どもの言葉から子どものやろうとしていることを判断し、子どもの学習を支える環境を用意します。

時間が必要な子どもがじっくり考えている姿は困っているようにも見えますが、そのような子どもには声をかけるよりも見守る姿勢が必要です。子どもは自ら動き出そうとしているのです。放任しているようにも見えますが、教師はどうしようか子どもの姿を見ながらいくつかの選択肢をもち、葛藤しているのです。

教師が判断せずに待つことが大事だと放っておくこととは、全く別のことなのです。

また、子どもに寄り添うということは、子どもを知るための手立てとしての一歩となります。子どもがどのようなことに向かっているのか、作品や活動の姿から読み取ることで、さらに一歩子どもに近づくことができます。子どもが夢中になっているることがどういったことなのか、子どもの活動に近づき、一緒に感じるように見ることで、その鼓動を感じることができます。子どもが夢中になっているときは邪魔をしないことが一番大切です。より慎重に子どもの活動を読み取ることに徹して、子どもの活動のよさや学びの有りようを捉えた上で、話しかけるタイミングを計ることが大切なのです。

ストイックになりすぎることはありませんが、教師自身が自分が集中しているときのことを考えると、そのようにしたくなります。

考えや思いを切り替える言葉

私の授業を参観していた東京都図画工作研究会の仲間であるA先生は、私が子どもにかけていた言葉を丁寧に拾って、授業中考えたことを示してくださいました。

「自分でできないなら、あきらめたら?」

と私は提案していました。また別の場面では、

「そっか……それは無理だから、こういうのはどう?」

と他の用具を子どもに示していたということです。

A先生は、私が、子どもがやろうとしていることを聞いたり、見たりした上で、判断し、話していたと説明を加えています。

『「いいよ、いいよ』と背中を押してあげるようなものだけでなく、このように、本人の考えや思いを切り替えるような言葉もあるのだと再確認できた。この類のような言葉かけは、この子の力をしっかり把握し、人間関係ができていないとなかなかできないし、言葉が入っていかないと思った」

と、A先生は授業のはじめから終わりまで、子どもの姿を追い、子どもが手に持っている作品を見て、活動の様子を重ね合わせてそのような考えを話してくれました。

この授業は、第二章に提示した連結する乗り物をつくる低学年の題材『れんけつのりものをつくろう』(36ページ)です。授業では、題材の造形的なめあてとともに、「自分で考えて、自分で決めて、自分でつくる」ということを伝えています。

低学年の子どもの特性として、新しいものへの興味や関心が高く、「何でもできる」という前向きな気持ちでいます。この姿勢は、材料や用具に対しても同じで、触ってみたい、使ってみたい、そしてきっとできる、という期待に満ちています。子どもがこのような気持ちになれるのは、日々新しい発見から学びが連続しているからです。

教師は、子どもが意欲に満ちているので、

「楽しそうに見える」

「一生懸命活動している」

ということで、授業がうまくいっていると思いがちです。教師としては、子どもに対してどのように関わったか冷静に振り返ることも必要です。

どうするか決めるのは子ども

先ほど、「自分でできないなら、あきらめたら?」と子どもに提案している場面を示しました。子どもはそれを聞いて

「じゃー、別な方法でやってみよう」

「いや、あきらめないでできそうだ」

と考えることができます。すでに経験のある材料や用具を使っているので、子どもなりに判断をします。

指示になると、「そうするべきだ」ということで、考えないで従うだけになってしまいます。「自分で考えて」「自分で判断する」ことを大切にするならば、教師が子どもに考えるきっかけを提示することで、子どもは自分で決断します。

まずは、「そう、か」と子どものやろうとしていることを確認します。その上で、何度も試しているけれどもうまくいかず、気持ちを切り替えて別の方法を考える地点に立てない子どもに、このように提案しています。

しかし、ここは、教師としてはもう少し待つべきか、声をかけるべきか迷うところです。

「もういいでしょ、そろそろ切り替えて考えてみては?」

子どもには納得するタイミングがあります。タイミングを間違えた場合、子どもは納得いくまで続けるでしょう。どんなことでも、子どもが「自分で判断する」ということを求めます。自分の活動を肯定し、自分の感覚を働かせ、つくりきる喜びを味わうことで子どもは満足し、自分の力にしていきます。

もちろん「いいね、いいね」と子どもを後押しすること、子どもに寄り添い応援することが求められるときもあります。必要な手立てを講じるには、教師の判断が必要です。

学び合い、教師も成長する

これまで、私の授業を見ていただいた先生の質問や言葉をきっかけに考えたことを述べてきました。

私たち教師は、自分が授業をしていると、授業を進めることに集中し、一人一人の子どもの活動にじっくり注目していられないというのが現実だと思います。ましてや、一人の子どもだけを追いかけて見続けることなどできるはずがありません。教室には四十名近い子どもたちがいるのですから。

じっくり子どもの横で、子どもと一緒に、手元や子どもの表情を見る時間を増やしたいと思っています。そこには、発見することが多く、子どもを知る手がかりがあり、それを教師の力に反映させることができます。

一つの授業を、たくさんの教師が見て協議する研究会があります。

授業を行う教師がいて、授業を参観するためのめあてがあれば、じっくり子どもに注目し、どのように活動していくのか追い続けることができます。また、一人ではなく仲間がいて、自分が見たことや読み取ったことをもとに協議することで、お互いの見方を通して考えることができます。その中で、子どもを知ることができます。「知るなんて、今さら」などと思うかもしれませんが、子どもは教師が用意した環境や周りの友だちによって影響し合い、無限に出来事を生み出します。

子どもは夢中になると、自分と向き合い、生き生きと活動を展開していきます。このような子どもの姿に立ち会うには、じっくり子どもを見つめ、そこで起きていることを具体的に捉える経験が必要です。

教師は、日頃一人で授業を行い、真剣なまなざしをもって子どもの成長を願っています。そのようなまなざしをもつ教師が集まることで、学び合うことができます。一人では気づかなかったことが、学び合うことで気づくことができます。発見があります。他者の見方から、自分の経験に照らし合わせたり、日頃目にしている子どもの姿を重ね合わせたりして考えます。自分の経験が加味されることで、創造的な思考に結びつきます。

　私はこの貴重な教師の発見がより確かなものとなるように、授業を公開するときには、見ている人たちに用意した記録シートに記述してもらいます。自分で実感をもって発見したことを整理するためにも、記述することを提案しています。記述したものを手に、協議会ではそれぞれの読み取ったことを交流し、創造力をもって自分自身の気づきにつなげてもらいます。後日、参加者は考えや気づきを文章にしたものを印刷し、送ってきてくれます。私はそれらを冊子に綴じて参加者の手元に届けます。教師一人一人の考えや気づきを読み物として交流させています。

　授業をする私は、見てもらうことにより、自分一人では見ることができていない子どもの姿に出会うことができます。

「あっ、その場面は見ていなかった。何度も色を変えていたんだな」

「いつ決断したのかな？　と思っていたけど、この色合いが気に入った瞬間だったのか」

　と、子どもの活動が見えてきます。また、私の問いかけを子どもが捉え判断した様子を、いろいろな側面から確認することもできます。

　見てもらうことで私自身も発見し、授業を改善するためのきっかけをもらうことができるのです。すてきな子どもの感覚に出会うことができます。これらは私を成長させてくれます。私にとっての学びです。一人では得ることができない貴重な研究の場を得ています。教師も一人でできることもありますが、仲間がいることで経験できる学びがあります。お互いに聞き合い、認め合い、自分なりの気づきや発見が生まれる学び合いは、子どもだけでなく教師も楽しく自分の成長を実感できるのではないかと感じています。

　授業を見てもらうとき大切なのは、授業を参観する教師が授業を見る視点をもてるようにするということです。そのために、次のことを大切にしています。

●授業の目標を明快に設定すること。
●どのように環境設定をしているのか具体的に示すこと。
●造形的な視点を子どもに響くように、どのように設定したのか具体的に示すこと。
●教師がこの題材の造形要素と子どもとの関係をどのように捉え、考え、決断したかを示すこと。
●教師自身がこだわりをもち、考えていることを示すこと。

　教師は真剣に授業を組み立て、一生懸命な子どもと感覚の対話を繰り返します。教師の感覚と子どもの感覚の対話が子どもの学習を支えます。教師は、子どもを知ることで子どもの活動を読み取る力がつきます。教師は子どもを発見することで喜びを感じます。教師は全身の感覚が活性化し、授業をすることが楽しくなります。授業で葛藤し、悩み、感じた痛みは教師の創造力をかりたて、改善の一手に導きます。

　教師は、子どもとともに成長します。

学習指導案

第1–5章に掲載している題材の学習指導案をまとめています。
題材について、より詳しく知りたいときにご活用ください。

第1章　p.10 ｜ 3・4学年 ｜ 絵・立体 ｜ 4時間（絵）・8時間（立体）

図工室の夜のねこ／ねこの家

材料・用具	（絵）絵の具セット、画用紙、お花紙、のり、段ボール、木工用ボンド　など （立体）木材、段ボール、いろいろな身辺材　など
目標	図工室に泊まった猫の話をもとに、図工室の中で過ごした猫の様子や出来事をイメージし、表したいことを見つけ、表し方を工夫して表すとともに、作品の造形的なよさや面白さ、いろいろな表し方などについて感じ取ったり考えたりし、進んで表現したり、鑑賞したりする活動に取り組む。

評価規準

知識・技能	・自分の感覚や行為を通して、形や色などの組合せによる感じや材料による質感の違いがわかっている。 ・絵の具や材料を適切に扱うとともに、使ったことのある材料についての経験を生かし、手や体全体の感覚を十分に働かせ、表したいことに合わせて表し方を工夫し、表している。
思考・判断・表現	・夜の猫の話をもとに、自分のイメージをもちながら表したいことを見つけ、図工室で過ごした猫の様子や出来事を、形や色、材料などを生かしながら、どのように表すかについて考えている。 ・選んだ材料の質感などの感じを生かした形や色などをもとに、自分のイメージをもちながら、自分たちの作品の造形的なよさや面白さ、表し方について感じ取ったり考えたりして、自分の見方や感じ方を広げている。
主体的に学習に取り組む態度	つくりだす喜びを味わい、図工室に現れた猫のイメージをもちながら、表したいことを絵や立体に表したり鑑賞したりする学習活動に取り組もうとしている。

活動の流れ

1. 夜の猫の話や写真から関心を広げよう
猫の話は情景を詳しく話す。実際にいた場所や猫の写真をもとに探す活動をすると、「どうしていたのかな？」「トイレはどうしたのかな？」「お腹は空いていないのかな？」など猫に寄り添った想像がはじまる。
2. 絵に表そう
想像したことは、「絵に描いて友だちに紹介しよう」と投げかける。実際に猫が過ごした図工室なので、「ここで寝ていたのだ」「窓から覗いていたのだ」など、思い描いた様子を図工室にある材料や絵の具を使って表す。
3. 猫の家をつくろう
「猫が住んでくれたらいいな」「夜はここで過ごしてくれたら嬉しいな」という気持ちをもって、図工室にある材料の特徴を生かして思い描いた家になるように工夫して表す。3名ぐらいのグループで協力してつくる楽しさを味わう。
4. 絵を展示し、校庭に家を設置しよう
友だちの作品や活動のよさや面白さを感じ取り、伝え合う。家はキャスターつきの台に載せて移動できるようにすることで、日常的に作品と関わりをもち楽しめる。

POINT

● 子どもは、お話が大好き
実際に猫が過ごした図工室の話や写真から子どもが興味をもち発言した言葉を拾いながら、描きたい、つくりたい思いにつながるように組み立てると、意欲的な活動につながります。

● 活動をシミュレーションし、材料を準備しておく
図工室にある材料の特徴を生かして活動ができるように、子どもが見やすいように整理しておくと、主体的に選び、活用することができます。段ボール箱は雨に弱いけれど、子どもにとって扱いやすく、工夫できる材料です。

● 動く台車で楽しさが増す
台車があると作品移動がしやすく、雨が降ってきてもすぐにしまうことができます。児童机の天板にキャスターを取りつけるだけで台車ができます。天板はとても丈夫なので安定感があり、この活動以外でも利用できます。

第1章　p.15｜3・4学年｜絵｜4〜5時間

地上の春と地下の春

材料・用具	絵の具セット、カラーペン、色紙、画用紙　など
目標	身近にある地上の春と想像した地下の春を思い描き、表したいことを見つけ、描画材や材料のよさを生かし表し方を工夫するとともに、いろいろな表し方や物語を考えたり、感じ取ったりする活動を楽しむ。

評価規準

知識・技能	・自分の感覚や行為を通して、形や色などの組合せによる感じがわかっている。 ・描画材などを適切に扱うとともに、画用紙の大きさや形を生かし、手や体全体を十分に働かせ、表したいことに合わせて表し方を工夫している。
思考・判断・表現	・形や色の組合せによる感じなどをもとに、自分のイメージをもち地上と地下の関連や物語を思い描きながら、どのように表すかについて考えている。 ・形や色の組合せによる感じなどをもとに、自分のイメージをもちながら、自分たちの作品の造形的なよさや面白さ、表したいこと、表し方の工夫、物語を感じ取ったり考えたりし、自分の見方や感じ方を広げている。
主体的に学習に取り組む態度	つくりだす喜びを味わい、進んで地上や地下の様子を想像したり、物語をつくるようにイメージを広げ、絵の具を使って表現したり鑑賞したりする学習活動に取り組もうとしている。

活動の流れ

1. ウサギがいなくなった話から想像を広げよう
   学校で飼育していたウサギがいなくなった話を聞き、見たことのない春の地下の様子に関心をもつ。
2. 春の地上と地下を描こう
   長めのサイズの画用紙を、縦に使うか横に使うか動かしながら地上と地下の位置を確認する。地上は住んでいる場所なので身近であるが、地下は未知の場所なので、描きながら思いついたこともつけ足しながら描く。
3. 絵にある物語は？
   自分で描いた絵を見たり、描きながら思いついたりした物語をワークシートに書き、絵を見せながら友だちに読んで紹介する。お互いの絵のよさや物語の楽しさを味わい、気づいたことを紹介し合う。

POINT

- 現実の世界と空想の世界をつなぐ物語
  はじめに、学校で起きたウサギが行方不明になった話をすることで、子どもの関心がテーマに近づきます。実際にある世界と想像の世界が地上と地下でつながり、イメージは現実と想像の世界を行ったり来たりします。
- 画用紙のサイズを考える
  長めのサイズの画用紙を用意することで、縦にすると地下を深くすることができ、横にすると地面が広がります。画用紙を動かしながら、どのような絵に表すかのイメージにつながります。

第1章　p.23 | 3・4学年 | 絵 | 4〜5時間

ツリーハウスへようこそ

材料・用具	絵の具セット、カラーペン、色紙、画用紙　など
目標	木登りの話やツリーハウスの写真を見て感じたことから、木とツリーハウスのイメージをもち、形や色などの構成や情景のよさや面白さを、表現や鑑賞の活動を通して感じ取ったり考えたりし、自分の見方や考え方を広げる。

評価規準

知識・技能	・自分の感覚や行為を通して、木とツリーハウスの組合せや構成による感じがわかっている。 ・絵の具やカラーペンなどを使った経験を生かし、表し方などを工夫して表している。
思考・判断・表現	・木や枝の形とツリーハウスの造形的な関係をもとに、自分のイメージをもち、表したいことを考えながら、どのように表すか色合いや構成のよさや面白さを考え表している。 ・形や色などの造形的なよさや面白さを感じ取ったり考えたりし、自分の見方や感じ方を広げている。
主体的に学習に取り組む態度	つくりだす喜びを味わい、ツリーハウスのイメージをもとに思い描いた木や家を絵に表したり鑑賞したりする学習活動に取り組もうとしている。

活動の流れ

1. 木登りの話やツリーハウスの写真から、自分のイメージをもとう
子どもたちが登る木の写真を撮り、目撃した木登りの様子を話す。子どもも大人も木の上に魅力を感じている一つの表現としてツリーハウスを写真で紹介する。
2. こんなツリーハウスがあったら……？
子どもはみんな建築家？「こんなツリーハウスがあったらいいな」とアイデアを絵に表すことができる。絵に描くと、設計図のように見る人に伝えることができる。
3. 絵の具やカラーペンなどを使ってツリーハウスを描こう
木の形や色、枝振りを描きイメージをもち、どのようなツリーハウスにするか考え表す。そんなツリーハウスでどんな出来事が起こるのか楽しみながら表現する。作品を展示し自分や友だちの活動や作品のよさを味わう。

POINT

- どうして木登りをするのか？
今も昔も、子どもが木登りをしては危ないと心配されます。それでも、木に登る子どもがいます。どのような魅力があるのか問いかけながら、ツリーハウスへの関心につなげます。ツリーハウスの写真はインターネットや書籍から抜粋して示します。それぞれのツリーハウスの特徴やよさを見つけて話し合います。
- 身近にある大きな木を描く
校内に大きな木があれば、その木を見ながら枝振りや幹の感じを捉え、ツリーハウスを立てることをイメージし、思い描いた木につくりかえることができます。木を見ることで表現へのきっかけをつかんだり、木を描きながらイメージにつながったりすることもあります。実際に描いた形や色などを見て発想したり、形の組合せや構成を考えることで活動を展開させたりする子どももいます。

第1章　p.27 | 1・2学年 | 絵 | 6～8時間

生長するひまわり

材料・用具	絵の具セット、クレヨン、カラーペン、画用紙　など
目標	ひまわりの生長から感じたことをもとに、イメージしたひまわりを描画材や用具を使って形や色を工夫して表す活動を楽しみ、自分や友だちの描いた作品のよさを味わう。

評価規準

知識・技能	・ひまわりを育てたり、見たり触ったりする行為を通して、形や色などに気づいている。 ・クレヨンやパス、絵の具などに十分慣れるとともに、手や体全体の感覚などを働かせ、ひまわりの生長を描きながら、表したいことを思い描き、表し方を工夫している。
思考・判断・表現	・形や色などをもとに、自分のイメージをもち、ひまわりの育つ姿を見て表したいことを見つけ、楽しく表し方を考えている。 ・形や色などをもとに、自分たちの作品を見ることを楽しみ、自分の見方や感じ方を広げている。
主体的に学習に取り組む態度	つくりだす喜びを味わい、ひまわりの生長する姿を見てそのよさを感じながら、画用紙を長くつなげてひまわりを育てるように絵の具などを使って絵に表す学習活動に取り組もうとしている。

活動の流れ

1. ひまわりの種をまこう
   耕した土に種をまく。画用紙にも同じように栄養のある土を描き、種を木工用ボンドで貼り、どちらも育てる。
2. ひまわりの生長を描こう
   水やりをしたり、雑草を抜いたり世話をしながらひまわりの生長を描いていく。
3. ひまわりの花が咲く
   太陽の光をあびて生長し、花を咲かせたひまわりの花を描く。花から感じ取ったひまわりの形や色の特徴を生かして画用紙に表す。

POINT

● 育てながら描く
この題材では、育てながら描くというところがポイントです。育てる時間をしっかり取ります。日常的に水をあげることに加え、ひまわりの絵を描く前には、雑草抜きをしながらひまわりの様子をよく見るようにします。茎のトゲトゲや感触なども感じることができます。ひまわりの大きさは魅力の一つなので、種は2ｍくらいに育つ種類のものを選びます。

● 画用紙をつけ足しながら描く
どんどん生長していくと、茎も葉も太く大きくなります。背丈も伸びていくので、画用紙が足りなくなってきます。はじめに用意した画用紙は長いサイズなので、土と余白のバランスを考えて描きはじめます。しかし、画用紙と植物の背丈比べをしてみると、もっと画用紙を長くしないと追いつかなくなるため、画用紙は多めに用意してつなげていきます。必要な長さに合わせて、切るなどして調整します。

れんけつのりものをつくろう／あそぼう

材料・用具	木材、のこぎり、C 型クランプ、ヒートン、絵の具セット、カラーペン、色画用紙、厚紙、木工用ボンド　など
目標	木片の形や連結するということから、思いついた形や色を組み合わせながら、乗り物を工夫してつくる活動を楽しみ、連結して遊びながら形や色のよさを味わう。

評価規準

知識・技能	・連結乗り物をつくる感覚や行為を通して、形や色などに気づいている。 ・木片や紙、絵の具などに十分に慣れるとともに、手や体全体の感覚などを働かせ、表したい乗り物をもとに表し方を工夫して表している。
思考・判断・表現	・木片の形や重さ、連結できるという特徴から、表したい乗り物を思いつき、好きな形や色を選んだり、いろいろな形や色を考えたりしながら、どのように表すかについて考えている。 ・自分でつくった乗り物と友だちがつくった乗り物を連結させて遊びながら、造形的な面白さや楽しさ、表し方などについて感じ取ったり考えたりし、自分の見方や感じ方を広げている。
主体的に学習に取り組む態度	つくりだす喜びを味わい、いろいろな材料の特徴を生かして楽しく連結できる乗り物をつくるとともに、友だちとつなげて楽しい遊び場をつくる学習活動に取り組もうとしている。

活動の流れ

1. 友だちとつながることができる乗り物をつくろう
   連結できる乗り物について知り、形の中心になる木材をのこぎりで切る。のこぎりの安全な使い方を知り、順番に使い切り分ける。ただし、低学年なので児童の実態に応じて教師が切り分けた木材を使う場合もある。
2. 形や色を工夫して新型の乗り物をつくろう
   切り分けた木片を中心素材とし、これまでに使ったことのある材料の形や色のよさを見つけ、選び、楽しく新型の乗り物をつくる。「新型」という言葉で、いろいろな形や色の乗り物があることを提案している。
3. ヒートンをつけて友だちの乗り物と連結し、遊び場をつくろう
   ヒートンをつけ、友だちの乗り物と連結する。どんどんつながってクラスみんなの乗り物がつながる。一緒に走らせることで、一人一人の乗り物の形や色などのよさを味わいながら楽しく鑑賞する。

POINT

- クラスみんなの乗り物がつながると？
  連結できるという魅力をはじめに伝えておきます。ヒートンを使うことで簡単に連結できます。このヒートンの魅力に、子どもたちは大喜びです。たくさん連結させ、友だち同士協力しながら走らせます。
- 使ったことのある材料は、いつでも使うことができる
  色紙、厚紙、木切れ、カラーペン、絵の具、ペットボトルのキャップ、モールや画鋲など、使ったことのある材料はいつでも使うことができるように用意しておきます。材料置き場を用意できるなら、教室の中央に設置すると、お互いの活動の様子が見えたり、材料を取りに集まったときに作品を見せ合ったりする活動が誘発されます。

第２章　p.42 ｜１･２学年 ｜絵 ｜２～３時間

いろいろな道をえんそく

材料・用具	絵の具セット、画用紙、テープ　など
目標	色を選んだり筆の動かし方を工夫したりしながら、色や線がつくる道の面白さや楽しさを捉え、思いついたことを絵に表す。

評価規準

知識・技能	・自分の感覚や行為を通して、自分や友だちの表した形や色などに気づいている。 ・絵の具などに十分に慣れるとともに、手や体全体の感覚などを働かせ、遠足のイメージをもとに表したいことを工夫して表している。
思考・判断・表現	・いろいろな色や線の形から、やってみたいことを思いついている。いろいろな色や線でできた空間や友だちと話したことなどからイメージし、どのように表すか考えている。 ・自分や友だちの表した形や色の面白さや楽しさを見たり、感じ取ったりしている。
主体的に学習に取り組む態度	つくりだす喜びを味わい、いろいろな道を楽しく想像しながら、遠足に出かける気分を乗せて絵の具を使って絵に表す学習活動に取り組もうとしている。

活動の流れ

1. 大きな画用紙をつくろう
   10 枚の画用紙をつなげて大きな画用紙をつくる。どのようにつなげて大きくするか、グループで並べながら相談し、セロハンテープで貼り合わせる。
2. いろいろな道を描こう。どこに行けるのかな？
   使いたい色をカップに入れて、筆で道を順番に描く。友だちと描く道や様子を見ながら、どのような道を描きたいか考える。
3. どんなところに行けるかな？
   自分や友だちが描く道の形や色などから思い描いた遠足を描いたり、友だちと話し合ったりしながら発想を広げ、楽しく遠足の気分で描く。

POINT

● 10 枚の画用紙をつなげる
　４人グループの班に 10 枚の画用紙を配布します。机の大きさを考慮した上で人数で割りきれない枚数にします。一緒に並べ、相談しながら、並べて見て考えます。４人で割りきれないので、みんなでつくるということを導きます。協力してセロハンテープで貼り合わせ、気持ちを合わせて持ちあげ、裏返しにします。

● すぐに描かずに、リレー形式で描く
「早く描きたい」と子どもたちは思っていますが、一緒に出かける遠足なので、気持ちを画用紙に乗せてスタートします。１人目の子どもが道を描いているときはその様子をみんなで見ています。次の人が描くときも見ています。見ているときは、描かれていく道の形や色の感じを捉えながら、自分が描く道を考えています。道に乗ってみんなの気持ちが出かけはじめると、それぞれその道をきっかけに、いろいろな場所を描きはじめます。子どもたちが判断し、そのようにしています。

第２章　p.48 ｜ 5・6学年 ｜ 工作・造形遊び ｜ ４〜６時間

すごい　ビー玉ころころジェットコースター

材料・用具	工作用紙、カッター、はさみ、のり、布ガムテープ、ビー玉　など
目標	ビー玉が転がる楽しいコースを、空間や材料の特徴を生かし工夫してつくる。

評価規準

知識・技能	・ビー玉が転がる軌跡や空間の面白さをもとに、造形的な特徴を理解している。 ・工作用紙でつくるレールのつくり方や組合せ、ビー玉がどのように転がるのか、どのようにつくりたいのか考え、経験を生かし方法などを組み合わせ活動の工夫をしている。
思考・判断・表現	・ビー玉が転がるレールがつくる造形的な特徴をもとに、自分のイメージをもちながら、空間などの特徴を捉え、造形的な活動を思いつき、構成したり考えたりしている。 ・ビー玉が転がるレールがつくる造形的な特徴をもとに、自分のイメージをもちながら、表現の意図や構成の面白さ、転がす仕組みのよさを感じ取ったり考えたりし、自分の見方や考え方を深めている。
主体的に学習に取り組む態度	つくりだす喜びを味わい、友だちと一緒に空間を使って、ビー玉が楽しく転がる仕組みを考え試しながら工作に表したり、鑑賞したりする学習活動に主体的に取り組もうとしている。

活動の流れ

1. 机を中心に机の上、机の下の空間を確認しよう
   机上の空間、机の下の空間をもとにビー玉が転がるイメージをもち、工作用紙でレールをつくりながら、組み合わせたりつなげたりしてどのようなコースをつくるか考える。活動前に用具の安全指導、活動の安全指導を十分に行う。
2. ビー玉の動きを考え、レールを組み合わせよう
   スタート地点を決め、高い位置から転がる仕組みと転がり方を確かめながら、コースを工夫してつくる。友だちと協力して、つくったり話し合ったりして楽しく工夫のあるコースをつくる。
3. ビー玉を転がし、友だちの活動や自分たちの活動のよさを味わおう
   工夫したコースを紹介しながら友だちを招待し、ビー玉を転がして遊ぶ。お互いのよさや面白さ、転がるコースの構成のよさを話し合う。

POINT

- ４本の丈夫な柱を事前に立てておく
  この柱がこの活動の要となり、ぐらつきのないように丈夫に設置しておきます。机の中央に児童机を逆さまに設置すると柱が増え、コースの支えとなります。工作用紙はなるべく厚手のものを用意すると、へたらないコースになります。
- 授業の時間を２週間分、４時間連続で活動する
  活動の途中で来週まで中断させ、そのまま取っておくことができません。そこで、２週間分の図工の時間をまとめて４時間続きで活動した方がよいでしょう。気持ちも盛り上がり、楽しい造形 DAY になります。子どもたちは集中力をもち続けます。

第３章　p.56｜1・２学年｜鑑賞・造形遊び｜２時間

色とつながる かんじる色かたち

材料・用具	透明色紙、白模造紙、デジタルカメラ　など
目標	材料に触れて、何度も試しながら、新しい色や形を見つける楽しさや喜びを味わう。

評価規準

知識・技能	透明色紙を使って、楽しい見え方を見つけるときの感覚や行為を通して、いろいろな色や形などに気づいている。
思考・判断・表現	・いろいろな色や形などをもとに、自分のイメージをもちながら、透明色紙や透明色紙でできる形や色などの造形的な活動を思いつき、感覚や気持ちを生かしながら、どのように活動するかについて考えている。 ・いろいろな色や形などをもとに、自分のイメージをもちながら、透明色紙や透明色紙でできる形や色などの造形的な面白さや楽しさについて感じ取ったり考えたりし、自分の見方や感じ方を広げている。
主体的に学習に取り組む態度	つくりだす喜びを味わい、透明色紙を重ねたり、並べたり、つなげたりしながら、形や色のいろいろな見え方を見つける学習活動に取り組もうとしている。

活動の流れ

1. 透明色紙と出会い、活動の見通しをもとう
   色紙にはどのような色があるのか、１枚ずつホワイトボードに貼って（静電気でつく）色の感じを示す。
2. 透明色紙を並べたり重ねたりしながら、様々な色や形を見つけて楽しもう
   既製の色紙の大きさは15 × 15㎝の正方形だが、机の大きさと活動の内容を考え、小さいサイズに切り分けた色紙を示する。並べたり重ねたり、組み合わせたりしながら形や色を感じ取り、活動を楽しむ。
3. 透明色紙でどんなことができたか、発見した色や形を伝え合おう
   どんどんつくりかえていくので、「ここがいい」というところを子どもたちが示したら、教師は写真を撮る。写真を撮られることで、子どもたちは次の活動に展開させることができる。最後に画像をモニターに映し、気づいたことを話し合う。

POINT

● 机に白い模造紙を敷いておく
透明色紙は、机の色を透過させるので色紙そのものの色が机の色と混ざって見える。そこで、机の天板を白くしておくと本来の色紙の色を見ることができる。色紙と色紙の重なりの色もわかる。ずらしたときの色の変化や形も見やすくなる。

● 見つけたよさや面白さをモニターで共有する
「ここがいい」と子どもが示した色紙の活動を教師は写真に撮ります。その画像をみんなで見ることができるようにモニターを設置しておきます。子どもの活動の様子を見ながら、途中でモニターに映すこともできます。子どもが発見したよさや面白さを紹介することがきっかけとなり、発想の広がりにつながることがあります。

みどりの絵

材料・用具	雑草、透明なシール、画用紙、絵の具セット、ペン、色鉛筆、はさみ　など
目標	身近な葉を集めたり、比べたりして、形や色などの感じを捉えながら、自然の造形的なよさや面白さを味わう。

評価規準

知識・技能	・葉を集めて、身近な自然の形や色を見るときの感覚や行為を通して、形の感じ、色の感じ、それらの組合せによる感じ、色の明るさなどがわかっている。 ・水彩絵の具を適切に扱うとともに、ペンなどについての経験を生かし、手や体全体を十分に働かせ、表したいことに合わせて表し方を工夫して表している。
思考・判断・表現	・形の感じ、色の感じ、それらの組合せによる感じ、色の明るさなどをもとに、自分のイメージをもちながら、集めた葉やつくった色から感じたこと、想像したことから、表したいことを見つけ、形や色、材料などを生かしながら、どのように表すかについて考えている。 ・形の感じ、色の感じ、それらの組合せによる感じ、色の明るさなどをもとに、自分のイメージをもちながら、身近な自然や自分たちの作品の造形的なよさや面白さ、表したいこと、いろいろな表し方などについて感じ取ったり考えたりし、自分の見方や感じ方を広げている。
主体的に学習に取り組む態度	つくりだす喜びを味わい進んで葉を集めて、身近な自然の形や色の面白さを感じ取り、絵に表したり、鑑賞したりする学習活動に取り組もうとしている。

活動の流れ

1. 活動の概要を知り、見通しをもとう
２週間ほど前に、「みどりの絵」について予告する。併せて、家や公園、身近にある雑草の葉っぱを見て、いい形や色だと感じた葉っぱを１枚いただき、透明シートに挟んで持ってくることを提案する。「もう１枚つくりたい」という子どもには、さらに１枚渡す。
2. 葉っぱカードを並べて鑑賞し、形や色のよさや面白さを味わおう
クラスみんなの葉っぱカードを机上に並べると、いろいろな形、いろいろな緑色があることに気づく。グループに分けて並べ方を工夫したり、話し合ったりする時間を取る。
3. 絵の具でつくったいろいろな緑色や葉っぱを使って絵に表そう
葉っぱカードをもとにいろいろな緑色を使って描くイメージをもち絵に表す。自分自身のテーマで描く楽しさを味わいながら、葉っぱや自分のつくった色の色合いや組合せを楽しむ。
4. 互いの作品を見合い、よさや面白さを味わおう
授業の切れ目や完成後に黒板に掲示し、お互いのよさや面白さを感じ取り話し合う。

POINT

- とっておきの葉を探す目をもつ
身近な場所にある自然に目を向けると、いろいろな雑草があることに気づきます。日頃は足を止めてじっくり見ることもありませんが、よく見るといろいろな形があり、いろいろな緑色があります。そこから１枚葉っぱを摘んで、透明シートに挟んで学校にもっていきます。
- 緑色は使わない
絵の具でいろいろな緑色をつくることに挑戦できるように、絵の具セットに入っている緑色と黄緑色は使わないことを提案します。少しの抵抗感を加えると、子どもたちは「やってみよう！」「もっと他の色を混ぜてもできるかも」と試します。いろいろな緑色ができるので楽しくなってきます。

第３章　p.74 | 5・6学年 | 絵 | 4時間

音の色・音の形 形と色の響き合い

材料・用具	絵の具セット、コンテパステル、カラーペン、色鉛筆、キャンバスボード　など
目標	音からイメージした形や色をもとに既習の経験（造形活動）を生かし、色合いを考え、色と形を響かせながら絵に表し、自分や友だちの表した造形的なよさや特徴を感じ取る。

評価規準

知識・技能	・自分の感覚や音と形や色をつなげる行為を通して、形や色などの造形的な特徴を理解している。 ・音の感じをどのように表すか考え材料や用具を活用するとともに、前学年までの経験を生かし、表したいことに合わせて表し方を工夫している。
思考・判断・表現	・表したい音の形や色の造形的な特徴をもとに自分のイメージをもち、感じたことや伝えたいことから、形や色などの構成を考えている。 ・形や色などの造形的な特徴をもとに音とのつながりを意識しイメージをもち、自分の作品や友だちの作品の表現の意図や構成のよさを感じ取ったり考えたりしながら、自分の見方や感じ方を深めている。
主体的に学習に取り組む態度	つくりだす喜びを味わい、音楽から感じ取った大切な音のイメージを、絵の具などを使って試しながら形や色で表したり、鑑賞したりする学習活動に取り組もうとしている。

活動の流れ

1. 演奏した音楽を聴こう
   自分たちが演奏した音楽を聴き、「大切にしたい音」を思い描く。
2. 自分が奏でる音に注目し形と色で表現しよう
   自分が演奏している大切な音を形や色にして表現する。音からつくりだした形や色を響かせ、画面をつくる。友だちが演奏する音との響き合う様子や曲の流れなどイメージのもとになることを大切に表現する。
3. 自分や友だちが表現した音を形や色から感じ取ろう
   再度、子どもたちの演奏をモニターで流し、音と作品のつながりに意識をもつ。自分が表現したこと感じたことを作品と言葉で伝え合う。

POINT

- 音楽の時間の演奏を録画する
  クラスの友だちみんなで演奏している大切な曲です。何度も練習してつくりあげている曲なので、音や曲全体のイメージをもっています。その演奏を図工室のモニター越しに聞くことで、形や色などで表す造形と音楽がつながることを示しています。
- キャンバスボードを用意する
  厚みのあるキャンバスボードは、迷い絵の具を何度重ねても耐えられる丈夫なボードです。また、手に持って眺めたり、持ちあげたりして表すこともできます。大きさもB4サイズ程度で、動かしやすいものです。音のイメージと形や色などのイメージをつなげる大切な場になります。

第４章　p.84｜1・２学年｜鑑賞・造形遊び｜３時間

すきまくんのお気に入り

材料・用具	隙間テープ、ペン、紙モール、色紙、画用紙、はさみ、のり、テープ　など
目標	すきまくんの目で、すきまくんと一緒に見つけた隙間の感じをもとに、身近な材料を使って表したいことを思いついてつくり、その活動や表した隙間のよさや面白さを感じ取り、自分の見方や感じ方を広げる。

評価規準

知識・技能	すきまくんと一緒にいろいろな隙間を見つけるときの感覚や行為を通して、いろいろな形などに気づいている。
思考・判断・表現	・いろいろな形や色などをもとに自分のイメージをもち、身の回りの隙間の造形的な面白さや楽しさを見つけ、造形的な活動を思いつき、感覚や気持ちを生かしながら、どのように活動するかについて考えている。 ・いろいろな形や色などをもとに自分のイメージをもちながら、身の回りの隙間の造形的な面白さや楽しさについて、感じ取ったり考えたりし、自分の見方や感じ方を広げている。
主体的に学習に取り組む態度	つくりだす喜びを味わい、楽しくすきまくんと一緒にいろいろな隙間を見つけ、いろいろな材料を使って表したい空間につくりかえ、隙間のよさを感じ取る学習活動に取り組もうとしている。

活動の流れ

1. 隠れているすきまくんを探し、活動の見通しをもとう
   事前に図工室の隙間を見つけ、教師がつくったすきまくんを設置しておく。隙間がどのような場所であるのか、探しながら子どもは感覚的に捉える。小さな空間であることを感じ取る。
2. すきまくんをつくって隙間を見つけたり、お気に入りの隙間になるようつくりかえたりしよう
   自分でつくったすきまくんと一緒に隙間を探し、空間の形や場所を手がかりにイメージをもち思い描いた隙間につくりかえる。その場所をつくりかえたり、友だちと一緒につくったりして楽しい活動をしながら隙間のよさを感じる。
3. お気に入りの隙間を紹介し合い、面白さや楽しさを味わおう
   すきまくんと一緒に友だちのつくったお気に入りの隙間に出かけ、よさや面白さを見つけたり、遊びにきた友だちに紹介したりする。

POINT

- 事前にすきまくんを隠しておく
  隙間を言葉で説明することもできますが、導入として、子ども自身が体全体の感覚を働かせて隙間という空間や場所を感じ取ることができるように、事前に隙間を見つけて設置しておきます。子どもたちは探すという活動が大好きなので、活動後には自分でもすぐにつくりたくなります。
- カップに入れて家に持ち帰る
  低学年の題材は、身近な場所や身近な材料を使って活動するので、日常の遊びにつながりやすいです。そこで、すきまくんを大切に家に持ち帰ることができるように、カップを用意しました。後日、家の隙間について問いかけると、写真をもってきて見せてくれる子どもがいました。

第４章　p.91 | 3・4学年 | 絵 | 4時間

ふうとうから家

材料・用具	封筒、絵の具セット、ペン、画用紙、はさみ、カッター、色紙、のり、スチレンボード、竹ひご　など
目標	封筒の大きさや形態に家のイメージを重ね合わせ、思いついたことをもとに、用具を使って形や色などをつくる活動を楽しみ、自分や友だちの活動や作品のよさや面白さを味わう。

評価規準

知識・技能	・封筒から家をつくる感覚や行為を通して、形や色などの感じがわかっている。 ・手や体全体の感覚などを働かせ、表したい家をもとに表し方を工夫して表している。
思考・判断・表現	・封筒の形や出し入れする特徴から表したい家を思いつき、好きな形や色を選んだり、いろいろな形や色を思い描いたりしながら、どのように表すかについて考えている。 ・自分でつくった家と友だちがつくった家で遊びながら、造形的なよさや面白さ、表したいこと、表し方などについて感じ取ったり考えたりし、自分の見方や感じ方を広げている。
主体的に学習に取り組む態度	新しい形や色の特徴をつくりだす喜びを味わい、楽しく封筒の形や特徴と家のイメージを結びつけながら思いついたことを絵に表したり鑑賞したりする学習活動に取り組もうとしている。

活動の流れ

1. 封筒を家にしよう
   封筒の出し入れできる機能と家の形態の特徴の共通点を理解し、家をテーマに思い描いた表現を試みる。
2. どのような家ができるかな？
   封筒の外側や内側を生かして、家のイメージをもとに思い描いたことを材料や用具を使って表し方を工夫して活動する。
3. こんな家ができたよ。遊びに来てね
   友だちが遊びに来てくれたら、どのような工夫をしたかわかるように紹介し、友だちの家に出かけたら、友だちの家のよさや面白さを伝えよう。

POINT

- 封筒の特徴を板書する
  封筒と家の特徴を「入れる」ー「入る」、「出す」ー「出る」と対比させるように言葉を並べます。「何を封筒に入れるの？」「何が家に入るの？」など話をしているうちに、子どもたちはイメージをもち、すぐにつくりたくなります。
- なぜ、立体にしないの？
  封筒を立体にすることもできますが、この題材では画用紙に貼って平面または、半立体的な表現にすることを提案します。内側と外側、開くこともできます。立体に表すのなら、箱を使い丈夫で安定感のある方がつくりやすく、子どもの活動に適した材料であると考えました。
- 自分をつくって出かけよう
  小さく切り分けたスチレンボードと竹ひごを用意しておくと、ペープサートのような自分をつくることができます。ペットや車をつくる子どもがいました。楽しくお話をつくるようにイメージを広げていきます。

第４章　p.99 ｜ 5・6学年 ｜ 鑑賞・絵 ｜ 4時間

二つの色からはじまる絵

材料・用具	絵の具セット、Ｂ４キャンバスボード、小さなキャンバスボード（5 × 5㎝に切っておく）、画用紙　など
目標	絵の具の二つの色からできる色の感じを捉え、自分で思い描いたテーマに基づいて色合いや構成のよさや美しさを感じ取りながら工夫して表し、自分や友だちの描いた作品や活動のよさを味わう。

評価規準

知識・技能	・絵の具の二つの色から絵をつくる感覚や行為を通して、形や色などの造形的な特徴の感じを理解している。 ・経験や技能を総合的に生かしたり、方法を組み合わせたりするなどして、表したいテーマをもとに表し方を工夫して表している。
思考・判断・表現	・二つの色からできる形や色を発見する活動から表したいことを見つけ、構成の美しさや色合いの感じをもとに、どのようなイメージをもち、表すかについて考えている。 ・自分や友だちの作品や活動から、二つの色からできる構成や色合いのよさや美しさ、表現の意図や特徴などについて感じ取ったり考えたりし、自分の見方や感じ方を深めている。
主体的に学習に取り組む態度	二つの色からできる形や色の特徴を生かし、色合いや構成のよさを感じ取りながら絵に表すことに取り組み、新しい形や色や特徴をつくりだす喜びを味わっている。

活動の流れ

1. 二つの色でどんなことができるかな？
   小さなキャンバスボードで二つの色でどのような色合いができるか試してみる。はじめは赤色と黄色の二つの色で描く。つくった色合いを集めて鑑賞する。
2. 自分で選んだ二つの色で絵に表そう
   二つの色でできる色合いに注目しながら、自分のイメージをもち、キャンバスボードに色合いのよさや面白さを感じながら表す。
3. どのようなことができた？　作品のよさを味わおう
   全員の作品を黒板に掲示し、たった二つの色からできる色合いや構成のよさや美しさ、感じたことを話し合い、自分の見方や感じ方を深める。

POINT

- はじめに、みんな同じ二つの色を使って試す
  同じ二つの色を使うことで、それぞれの色合いの違いがわかりやすくなります。色合いということがわからない子どもも、友だちのつくった小さなキャンバスボードを見て理解を深め、自分なりの工夫につなげることができます。
- 少人数で鑑賞する
  見方や考え方を交流させることをきっかけにイメージをもち、表す意欲が高まります。大勢だと自分の考えや感じたことを発言しそびれてしまう子どもがいますが、少人数だとリラックスしておしゃべりするように話せます。教師はファシリテーター役として、グループとグループの気づきをつなげるように心がけます。小さなキャンバスボードに子ども自身が選んだ二色で色合いをつくっている間に行います。

第５章　p.112｜1・２学年｜立体｜２時間

水のかたち

材料・用具	油粘土、粘土板、粘土べら　など
目標	毎日目にする水を思い描き、手や体全体の感覚を働かせ粘土で表す活動を通して、粘土に十分に慣れ、いろいろな形を想像しながらどのように表すか考え、表す。

評価規準

知識・技能	・粘土を練ったりつまんだり、形をつくりながら形や表面の様子などに気づいている。 ・粘土や粘土べらに十分に慣れるとともに、手や体全体の感覚などを働かせ、表したいことをもとに、表し方を工夫し表している。
思考・判断・表現	・水の形を想像しながら自分のイメージをもち、表したいことを見付けいろいろな形を試し、どのように表すか考えている。 ・自分のイメージをもちながら、自分たちの作品や粘土の造形的な面白さや楽しさ、表したいこと、表し方などについて、感じ取ったり考えたりし、自分の見方や感じ方を広げている。
主体的に学習に取り組む態度	つくりだす喜びを味わい、楽しく表したい水をイメージし、粘土で立体に表したり鑑賞したりする学習活動に取り組もうとしている。

活動の流れ

1. どのような水がある？
   子どもたちに「どのような水を知っている？」と問いかけながら、子どもの発言を黒板に、その水がある場所を意識できるように構成を考え書いていく。雨だったら上の方、池や水溜まりは下の方に書く。
2. 粘土でどのような水をつくる？
   思い描いた水をつくってみる。つくりかえることもできる。また、水は流れて形を変えていくので、つなげてつくることもできることを提案する。粘土べらや指などを使って水の感じを表す。
3. こんな水ができたよ
   できた水の形を教師は写真に撮る。つくりかえるときは写真に撮ってからにすると、子どもは安心してどんどんつくったり、友だちと水の流れに乗ってつなげてつくったりする活動を楽しむ。

POINT

- いろいろな水がつながる板書
  子どもに「どんな水を知っている？」と問い、子どもから出てくる「いろいろな水」を、水のある場所や水のつながりを意識しながら黒板に書いていきます。理科で勉強するのはまだ先のことですが、その水の位置がわかるように書きます。実際に粘土でつくるとき、水の流れに川をつくり、その先に滝をつくるなど、水と水のつながる様子を表す子どもの姿が見られます。発想のきっかけとなります。
- 図工室の４人がけの机、児童机をグループの形にする
  はじめは１人で自分の思い描いた水を表します。活動していると、水は流れるので、粘土で水の道のようなものをつくり友だちとつなげる活動をしはじめます。教師が提案してもいいと思います。机の下に流れるように粘土を伸ばす子どもが出てきます。机という高さと広さがあることで、活動が展開されます。もちろん、一人で活動し続ける活動も大切にします。

第５章　p.117｜3・4学年｜工作｜8時間

ONE BOX CAR

材料・用具	段ボール、段ボールカッター、タイヤ、竹ひご、カラーガムテープ、ひも、絵の具セット、カラーペン　など
目標	段ボール箱から、自分の手や用具を使って、切ったり、貼ったり、折り曲げたり、色を塗ったり、工夫して自分だけのすてきな車をつくり、友だちと一緒に楽しく運転し、お互いのよさを見合う。

評価規準

知識・技能	・段ボール箱から車をつくる感覚や行為を通して、形や色などの感じがわかる。 ・手や体全体の感覚などを働かせ、表したい車をもとに表し方を工夫して表している。
思考・判断・表現	・段ボール箱の形状や内側と外側がある特徴から、表したい車を思いつき、好きな形や色を選んだり、いろいろな形や色を考えたりしながら、どのように表すかについて考えている。 ・自分や友だちがつくった車を運転して遊びながら、造形的な面白さやよさ、表したいこと、表し方などについて感じ取ったり考えたりし、自分の見方や感じ方を広げている。
主体的に学習に取り組む態度	つくりだす喜びを味わいながら、進んで自分の車のイメージをもとに段ボール箱を切ったり、貼ったり、折り曲げたり、色を工夫したりしながら工作に表したり、鑑賞したりする学習活動に取り組もうとしている。

活動の流れ

1. 段ボールを抱えて大きさを知ろう
   手に入れた段ボール箱を立体に組み立て、タイヤをつける面を、段ボール箱をひっくり返しながら抱えて考える。大きさや形、内側の面や外側の面があることを手や体全体の感覚を働かせ感じ取る。どのような車になるか想像しながら活動できるようにする。
2. どのような車ができるかな？
   たった一つの箱から自分だけのすてきな車をつくる。これまでに使ったことのある材料や用具を使って、切ったり、貼ったり、折り曲げたり、組合せを工夫したりしながら形をつくり、絵の具やペンなどの材料を使って思い描いた車になるように工夫して表す。
3. 試運転と修理をしよう
   完成したら、車の特徴をワークシートに書き、運転のルールを覚え校庭で安全に留意しながら試運転をする。破損したときは自分で直すことができるので、教師は材料を用意しておく。運転しながら友だちの車や自分の車のよさや面白さ、表し方の工夫のよさを感じ取る。

POINT

- たった一つの丈夫な段ボール箱
  大きな段ボール箱から車をつくるには、丈夫なものが適しています。ダブルの段ボールだと、段ボールカッターで切りづらいので、２Ｌのペットボトルなどが入っているシングルの段ボール箱が適しています。完成した車を走らせても存在感のある大きさです。
- 運転するには免許証を取得する
  車をつくる気分を盛り上げるために、作品の保管場所は駐車場と呼び、車を走らせるためには、ワークシートを兼ねた免許証をプリントして用意します。似顔絵や安全に運転するための約束を書いておきます。

第５章　p.124 ｜ 5・6学年 ｜ 造形遊び・鑑賞 ｜ 4時間

水から発見！　色水と容器でつくるいい関係

材料・用具	カラーインク、いろいろな形や大きさの透明容器、理科実験用の三脚、スポイト、ミラーシート（片面が鏡になっている紙）、手持ちライト、デジタルカメラ、タオル　など
目標	水と透明容器を使って形や色などの美しさや面白さを発見し、工夫して表す活動を繰り返し、自分の見方や感じ方を深める。

評価規準

知識・技能	・水と容器でできる色や形の特徴を、自分の感覚や行為を通して理解している。 ・色水や容器、活動に応じて光やデジタルカメラを使うとともに、これまでの経験や表し方を生かし組み合わせて活動を工夫してつくっている。
思考・判断・表現	・水や色水などの造形的な特徴をもとに、自分のイメージをもちながら光やミラーシートを活用し、造形的な活動を思いつき構成したり、動きをつくったり、友だちと活動したりすることを考えている。 ・形や色などの造形的な特徴をもとに自分のイメージをもち、活動のよさや美しさ、形や色、構成などの美しさなどを感じ取ったり考えたりし、自分の見方や考え方を深めている。
主体的に学習に取り組む態度	つくりだす喜びを味わい、主体的に色水と容器の関係を探り表したり、鑑賞したりする学習活動に取り組もうとしている。

活動の流れ

1. 水と容器でどんなことができるかな？
机上に用意した材料や用具を使ってどんなことができるか何度でも試す。
2. 色水だとどんなことができるかな？　発見したことを写真に撮ろう
カラーインクを提示し、スポイトで色を混ぜ、反射板（ミラーシート）やライトが使えることを示す。色の美しさや組合せの面白さを感じ取りながら、撮影した写真をモニターに映して紹介することを提案する。
3. 活動から感じ取ったよさや面白さ、発見したことを画像と言葉で伝え合おう
ワークシートを活用し、紹介したいことを記述し感じたこと発見したことを言葉で伝える。紹介画像を見ながら、友だちの発表を聞き、自分の感想や発見したことをワークシートに記述し伝える。たっぷり時間を取り鑑賞する。

POINT

- 机上に模造紙を敷き、ビニールシートで机全体を包み込む
水を扱うので、机上をビニールシートで包みます。さらに白い模造を挟み込んでおくと、色水の色合いをきれいにそのままの色で捉えることができます。また、白模造紙を机上の大きさより一回り小さくすることで、水をこぼさないようになります。雑巾を用意しておくと、机上をふきながら何度でも活動を繰り返すことができます。
- デジタルカメラで撮影をする
デジタルカメラで撮影すると、同じ空間を見ていても、一人一人の子どもの視点の違いがわかります。ミラーシートで光の当て方を変えることで見え方が違ってくるので、友だち同士が自然に協力しはじめます。デジタルカメラで撮影することで、活動を繰り返したくさんの美しさを発見する活動につながります。最後に友だちに紹介するとき、モニターに映すことで、言葉とともにより具体的に伝えることができます。

おわりに

公園で小石を集めて、ペットボトルの中に入れている子どもがいます。

発泡スチロール箱でつくる水槽に入れるために集めているのです。水槽は自分でつくった焼き物のカメを入れるためのものです。子どもはそれをすてきなものにするために、自分ができることを考え、一生懸命なのです。毎日ペットボトルを振って、小石のぶつかる音を聞いて、眺めて、水で洗って、大切にしています。カメが水槽に入ることを想像し、日々楽しみにしているのです。

そんな子どもの一生懸命な姿を見ると、私も来週の図画工作の時間が楽しみになります。と同時に、「このような子どもの期待を裏切らないように、準備をしなくては」と気持ちのよい緊張感と、「私も生きた感覚が働いているな」という実感をもち、嬉しくなります。

一生懸命に生きている子どもによって、一生懸命生きる私自身が覚醒されます。学校は、子どもと教師がともに生かされ、互いに成長できる場なのです。

本著では、私と同じように小学校で図画工作の授業を行う先生を思い描きながら書きました。はじめに述べているように、一緒に考えていけるような本をつくることを目指しました。目の前にいる子どもの姿と重ね合わせ、子どもに迫る図画工作の授業につながるヒントがあったら、明日の授業に生かしてください。

初任の頃に子どもたちが教えてくれた、「見ていることのその奥にある豊かなものを見逃すな」という声なき声に再び耳を傾け、私の明日もはじまります。

本づくりは、図画工作の時間のようだと思いました。一人でできることもありますが、自分一人では気づくことができない経験が、この本づくりにはありました。

この本には、豊富に写真が掲載されています。子どもの思いや呼吸を感じることができる写真です。紙面構成により文章が生かされていきます。編集者の佐々木彩さん、香川のぞみさん、デザイナーの矢部綾子さんとタッグを組み、つくりきった本です。三人は私の話を粘り強く聞き取り、「その話で、モヤモヤしていたことが見えてきた」と背中を押してくれました。私は、書くことへの勇気をもらいました。書くことで自分の奥深くにとどまっていた子どもの声が聞こえてくるような経験を積み重ねました。

奇跡のような時間でした。

たくさんの方の支えがあり、本著を書き終えることができました。心よりお礼申し上げます。

2021年2月
南　育子

撮影：
川瀬一絵
池田晶紀（株式会社ゆかい）
池ノ谷侑花（株式会社ゆかい）
ただ（株式会社ゆかい）
大崎えりや
荻原楽太郎
加藤　甫

子《こ》どもとつくる図《ず》画《が》工《こう》作《さく》

2021年（令和3年）3月28日　初版発行

編著者　南《みなみ》　育子《いくこ》
発行者　佐々木秀樹
発行所　日本文教出版株式会社
https://www.nichibun-g.co.jp/
〒558-0041 大阪市住吉区南住吉4-7-5　TEL：06-6692-1261

デザイン　矢部綾子（kidd）
印刷・製本　シナノ印刷株式会社

ISBN978-4-536-60124-5

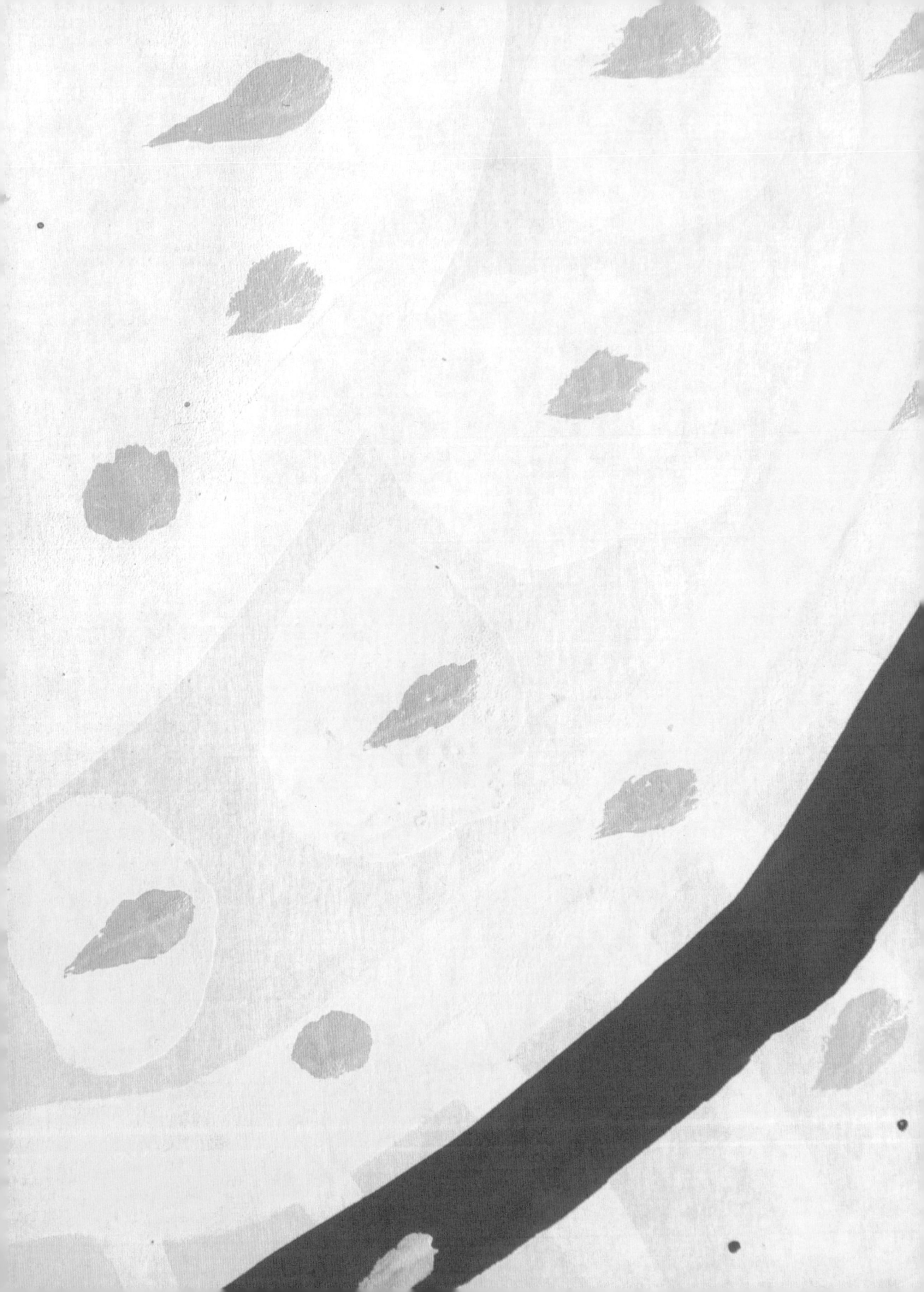